JN409293

현대문학사조 제2동인지

하루를 열며

도서출판 채운재

머릿말

현대문학사조의 첫 번째 동인지에 이어 두 번째 흔적을 남깁니다.

문우님의 소중한 옥고를 받아 세상에 남기며 사람 마음에 양식을 줄 수 있는 문인인 우리가 된 것을 행복하다고 생각합니다.

창작 활동을 하다 보면, 어려움도 있지만, 보람도 있지요.

순수한 문인이 되자 자신과 약속하며 걸어온 10년 뜻을 모아서 문학 창작과 소통하는 문인이었나 돌이켜봅니다.

사람이 인생을 살면서 자신의 작품을 세상에 남기는 그 하나만으로도 값 있는 삶을 산다고 생각합니다.

문학은 인간의 고뇌와 감정적 영혼을 맑게 이야기로 엮어가는 사랑이라고 봅니다.

작은 바람이 있다면, 여기에 담긴 글을 읽는 분의 마음을 움직일 수 있고 평안한 안식이 되길 소망합니다.

2012.12.10

현대문학사조 발행인 양상구

차례

나상국 시인

박원배 수필가

박재근 시인

박현옥 시인

석용호 시인

강민호

제주도 서귀포 출생
전국장애학생 예술제 입상
습작 시들을 모아 시집 "다가오는 아침" 발간
장애극복상 대통령상 수상
제주영지학교 고등부 졸업
우석대 특수교육과 입학
우석대 특수교육과 졸업
서울 디지털 대학교 사회복지학과 입학
현재 사회복지 재학
장애인 활동가로 활동하고 있음

왕 할머니

아직 가깝게
계신다고 생각했지만
멀리 계신다.

다 기억하고 있는
노래라고 생각해
부르지만 중간 중간
끊어지는 가사처럼
잊혀져가는 왕 할머니 모습……

어느 새
내 몸에서 맡을 수 없는
노린내와……

어느 새
내 귀에서 희미해지는
자장가가……

왕 할머니와 나
사이에 그리움의 발자국으로
변해간다.

나무와 바람

오랜만에
단잠 자는 나무를
바람이 깨웁니다.

꽃무늬 치마를
입고 싶다고
나뭇가지를
흔들립니다.

꽃 빛 머리카락을
날리며 걷고 싶어
나무의 꽃잎을
떨어지게 합니다.

겨울에 눈과 함께
뒹굴던 철없는
바람이 새봄에
몸치장해달라며
단잠 자는 나무를
깨웁니다.

언어 한 마리

애써 온
삼각주에서
언어 한 마리가
되돌아간다.

커져 버린
몸에 비해
마음이 자라지 못한
언어는 개울로 숨는다.

꿈으로 넉넉해지던
마음도
실망으로
궁핍해진다.

푸른 비닐을
빛나게 했던
웃음들을
비린내 나는
슬픔이 되어간다.

한 번의 꼬리
짓으로 아름다운
바다로 갈 수 있는

삼각주에서
온몸을 돌려
되돌아간다.

파도들이
산산이 부서지지는
것은 보고
두려워 개울로
되돌아간다.

소망

신(新)바람이
마음의 합성을
메아리로 들려온다.

삼백육십오일 동안
잘 마른 장작 같은
소망들이 탄은 마음이
되게 해달라고 소리친다.

겨울비 같은
실망들이 내려도
금방 수증기로
날려 보내겠다고
다짐한다.

너무 빨리
쉽게 날아 가는
재가 된 소망들이
되어도 새 소망들로
살아있게 한다고 맹세한다.

그래서 오늘 같은
마지막 추운 밤에
또 뜨거운 마음의
함성이 메아리로
들려오게 할 거라고
소리친다.

그리움

노을이던
그리움이
먼지가
되었습니다.

쓸어 담아
버려야 할
미련의 먼지가
되었습니다.

버리지 않으면
먼지바람 되어
목메이게 하고
눈물 나게
할 것입니다.

때때로
신기루 같은
환영(幻影)속에서
헤매이게
할 것입니다.

閑覺 경대호

충북 괴산 출생
충북대학교 경영학과 졸업
해태그룹 근무
(현)주식회사 착한유통 대표이사
대한문학세계 시부문 등단(2012년)
대한문인협회 정회원
(사)창작문학예술인협의회 정회원
시하늘 정회원

호상(好喪)놀이

살아생전 금슬 떠나 호상 놀이 하여주게
부귀영화 없다 해도 선소리꾼 불러들여
빈 상여 동네 한 바퀴 발맞추어 돌아주게

명정(銘旌)을 세우거든 내 이름자 적지 말고
무명의 글쟁이라 큼직하게 써 주시게
시집 낼 글 못되나 마음만은 최고였네

징검다리 외나무다리 흥겹게 건네주고
한 발 두 뼘 달고대 두세 발이 되는 듯
좌우로 흔들거리며 기분 좋게 다져주게

요령(搖鈴) 소리 멀어지면 내 꿈은 다시 피어
벌레 소리 행을 삼고 바람 소리 연을 세워
쓰다만 아름다운 시 달빛 아래 비추어 보

무성 영화

변사(辯士)가 객석을 데리고 갔다

'디 엔드' 란 자막을 누군가가 지운
흑백 필름, 낮은 RPM으로 되감는
영사기가 츠르륵 츠르륵 운다

편집이 불가능한,
토막일 때가 더 아름다웠던 무성 영화
색깔도 벗고 소리도 지우고
혼자서 돈다

풀풀 마른 먼지가 풀린다
삶이란 츠르륵
또 한 번 차르륵
밤하늘로 쏘아대는 영사기 불빛에
죽어 마땅한 회한(悔恨)을 사르며
별똥별 하나 떨어지고 있었다

내일이라는 처방전

설레는 오로라는 아닐지라도
서러움에 내일을 처방합니다
푸른빛 눈 찌르는 빙하, 아닐지라도
고독에 내일을 처방합니다

흥정이 허락되지 않는 삶이라
덤도 없는 세상을 살아갑니다
기쁨 반 슬픔 반 섞여 핍니다

블루베리 보랏빛 익어갈 테고
사과는 빨갛게 물들겠지요

나아지고 이뤄질 것만 같아서,
설령 또, 눈이 멀더라도
조용히 내일을 기다립니다

붉은 가을

바람
파도 소리 데려와
은 비늘
초록 물고기
나무에 매달더니,

이제
태양은 날마다
투망投網을 던진다
수척해진 물고기들
붉은 비늘을 턴다

시간의 그물코에 걸린
외마디 비명들
숯불 위에서
가을이 탄다

또 하나의 계절이
자작거리고 있다

산골 아이들

두메산골에 아이들 흔적
사라진지 오래
할미 할배 제금 나
처음 마련한 세 마지기 옆
자갈밭 몇 뙈기
땡볕 아래 조을고
다랭이 구분 힘든
우거진 계절 사이로
어렴풋한 둔덕에서
호박 넝쿨 수런거린다

세월의 옹이 가시처럼
박혀 있는 엄니 손등
같은 호박 잎사귀를 들추면
사라졌던 산골 아이들,
뭉게구름 쳐다보며
줄기에 매달려
젖꼭지를 빨고 있다

친자식들은 모두 떠나고
아이들 웃음소리 들린 지 오랜
산골 마을 둔덕마다
끼르르 까르르
초록 웃음 난만(爛漫)하다

숨겨 키우는 산골 아이들,
애호박 한창이다

靑峰 김대은

부산대학교 졸업
계간 시세계 등단
현대문학사조 등단
제26회허균문학상수상(수상작:홍매화)
무원문학상 수상(수상작:복어명상)
만리문학상 수상(수상작:세포조각이 늙어서)
2010독도사랑 컨텐츠 공모전 우수상 수상
(사)한국수중환경협회 공모전 장려상 수상
시세계문인회 정회원
현대문학사조 작가협의회 회원
現) SM그룹 남선알미늄 자동차사업무문 기술영업담당/이사
시집:그리움을 위하여(2004년), 하늘비 산방 1집 & 2집(공저)
흔적 & 그 의미(공저) 외 다수

탑돌이

돌고 돌아 제 그림자 쫓는 바람
돌 조각마다 사연을 훔쳐먹는 업보
달빛 따라 돌고 돌아 둥근 궤적
인연 따라 쫓아가는 그림자 무더기

족적마다 내려놓는 허물 한 자락
발걸음 무거워 한숨짓는 소리 가득하고

합장에 담은 돌탑 가 맺힌 이슬방울
독경 외는 바짓가랑이 새벽을 부른다.

돛단배

물결 따라 닻을 내린 적 없는
끝없는 망망대해
물고기 잡으러
바람 따라 돛이 펄렁인다.
어딘지 모를 심연의 바다를 향해
매일 가는 길
파도만이 재롱을 부리는 바다,
밤을 지새지만
바람에 빌어보지만
그물은 빈 수레뿐이다

담그고 당기고
삐그덕 삐그덕 허덕이는 뱃머리,
이 놈이구나 싶어 잡으면
잡고기 한두 마리
남은 것이라곤
빈 배에 그물만 난무하다.
바람이 파도를 때리고
멀미로 정신 줄을 놓아도
나른한 몸이 부르는 콧노래
오늘도 어제처럼
내일도 오늘처럼
돛단배는 바다를 잡으러 나아간다.

외줄 타기

휘이~ 휘이~ 추임새가 하늘을 찌른다.
줄이 춤을 추고 나도 춤을 춘다

오직 길은 하나
바람이 불어도 비가 내려도 눈이 내려도
줄은 흔들려야 한다.
잠시도 멈출 수가 없다.
내일도 오늘처럼 가야 하고
한 발 또 한 발 내밀어야 떨어지지 않는다

공중에 떠는 줄
마음을 싣고 몸을 매달고
세상 그 무엇에도 흔들림 없을 전진,
떨려도 숨 쉼을 크게 해야지.
심호흡 한 번에
우~ 우~ 콧노래가 정겹지 않은가!

땅을 보지 말아라
곁눈질도 하지 말아라
맞잡을 손이라도 뻗지 말아라
오로지 중심을 놓치지 말아야지
줄에 부여한 소명(召命)일지니

태어나길 그랬으니
나아감에 방해가 없다
끝나는 순간이 눈앞에 있어도
한 발 또 한 발 내딛는 본능
숨 쉬는 것을 줄에 매단다.
낙엽 지는데

가을이 늙어 낙엽 지는데
이 내 몸 어이 둘 곳 없어라

언제 여기 또 되돌아오랴
바람이 불어 가버린 사랑

어쩌면 좋아, 겨울 오는 데
어찌할까나, 눈이 오는데

다시 그 사랑이 네게로 갈까!
다시 그 사랑이 내게로 올까!

가을이 익어 낙엽 지는데
이 내 몸 어이 둘 곳 없어라.

방랑자

애초부터 정처 없는 발걸음이다
하루 자고 나면 묵은 먼지 떨구고
바람 한 짐 지고 길을 재촉하는 발걸음
한 사람이 앞서고
또 한 사람은 그림자였고
거리에는 힘없는 낙엽만이 나부낀다

산길을 돌다 마주친 널따란 바위,
퍼질러 앉은 엉덩이가 시리다
넉넉한 품 내어 주는 인심에
헛헛헛 오랜만에 웃음소리 요란하다

바위 위에 글을 쏟으면
방랑시인 따로 없어
길 떠나던 마음조차 주저앉아 시름 한 판
허허로운 빈 수레 그 무엇이 두려운가

또 다시 바람이 불고
멀리 황혼이 불을 밝히면
드러눕는 곳이 다 집이 되니
대문은 장승이 지켜주는구나

얼굴에 검버섯이 피어나는 늙은 청춘인데
평생을 돌고 돌아도 언제나 그 자리이다
봇짐에 시름 한 짐 짊어지고 주저앉는 때
낡은 옷 한 벌이 주인을 잃는 날이런가
추위가 오려는지 살갗이 떨리는구나.

푸름 김선옥

충남 당진 출생
아호:푸름
(사) 창작예술인 협의회 대한문인협회 신인문학상
현대문학사조 시인 문학상
(사)대한문학세계 올해의 시인상
2012..대한문학세계 전국 시인대회 동상수상
시집:함지박 사랑
공저: 흔적 그의미
특선시인선.이달의시인.및 금주의 시 다수
(사)대한문인협회 정회원
현대문학사조 사무차장
강화문학회 정회원

가을의 기도 · 2

임이여
가을에는 기도하게 하소서
푸른 잎들이 선홍의 빛깔로
옷을 갈아입듯이
시기하고 질투하는 마음 변하여
배려하는 마음이 되게 하소서
들녘의 영글어가는 알곡처럼
진실을 말하게 하시며
고개 숙인 나락 앞에 겸손하게 하시어
농익은 무화과의 단맛 같은 삶 되게 하소서

툭,투둑. 목숨을 내어 주는 알밤
가을의 교훈이 아니더라도
옹졸한 가슴 이었던 것을 고백하게 하소서
임이여
떠오르는 둥근 달을 보거든
가던 발길 잠시 멈추고
모든 것 받아드리는 바다 같이
넉넉함을 담을 수 있는 가슴이게 하고
푸른 창공에 날아가는 작은 새의 노래에도
행복하게 하소서

만추

창 밖에서 서성이는 너
나뭇잎 흔들림으로 알았다

옹골차게 가득 찬 알곡
갈증으로 목마르던
허기진 가슴을 채워주던
어미 같은 너

비워내야 또 다른 생명을
담을 수 있음을 알리는
초대장 접는 소리였음을
후에야 알았다

나뭇잎 떨어지는 그 소리는

미련

그대가
천 만 번도 더
고백한
뜨거운 사랑
아직 남아 있는데

그대
진정 가시는 건가요?
가시려면 떠나시지.
뒤를 돌아보며
머무시나요.

생각만 하여도
눈시울이 붉어지는
울적한 마음을 달래 듯
하염없이 내리는 비

가슴 후벼 파듯
아린 속내
유리창에 지우며
잊지 못할 情 애달아
흐르는 눈물인가요

가을의 애상

푸른 날은
애당초
사랑을 바라지도 기대하지도
요구하지도 않았다
초롱초롱 밤하늘 별빛은
젊은 날을 찬양하고
여름 내내
잎새 하나하나 수놓아 가는
야무진 푸른 꿈으로 환희가 있었다
그러던 어느 날
갈바람 불어와 나뭇잎 우수수
흔들어 놓았지만
열정적인 지난날 때문에
잎새 하나. 둘 떨어져 나가는
아픔도 참을 수 있었다
너와 나
해후 할 날의 기다림 대신
붉게 물든 가슴을 내 보이고
사위여 가던 네가
그렇게 떠난 후에야 알았다
그리고
그게 사랑이었다는 것도.

지는 꽃잎

서러워 마오, 지는 꽃잎을
흔들림마저도 한때는
젊음이 있었다는 것을
모를 리야 있겠어요
세월에 편승하여 흐르는 것일 뿐
어디, 아주 간답디까?
가슴 속에 품었든 사랑
어찌 모른 체한답니까?
구름에 달 가듯 그렇게 가지만
애달파 마오
훗날에 나 그대의 품에
숭고하게 다시 피어나리다
그 자리에 그대로.

봄은 언제 오려나

임진각 누각에서 바라보는 내 고향은
잡힐 듯 닿을 듯하여
선걸음으로 달려가고 싶지만
누구의 잣대인지
선 아닌 선으로 금 그어놓은 철조망
가지 하나에도 봄은 오건만
이 나라엔 언제나 봄이 오려나
내 고향 산골짜기 맑은 물에
언제 다시 발등을 적시려나 아득한데
잘못된 忠心 이념과 思想이
넘을 수도 건널 수도 없는 깊은 골이 되어
부메랑 되어 아픔으로 오네
구름도 새들도 자유로이 넘나드는
임자 없는 갈대밭이
서러운 내 마음처럼 서걱이고
줄다리기에 매달린 반도의 운명은
한 치 앞도 보이지 않는 안개의 길
풀지 못하는 발목사슬 어찌해야 하나요
아! 저기 북녘땅도 내 조국인데
이 가슴에 언제쯤이나 품을 수 있을지
고향산천 내 사랑아 무심한 세월아

걸풍 김형풍

현대문학사조 등단
한국수필문학진흥회 에세이 문학 회원
텃밭 문학회 회원

잔잔한 호수에 바람이 일다

내 맘 속에 깊이 숨겨져 있는 그림자
그 신비의 비밀이 벗겨 질 듯
거친 호흡이 꿈틀거린다.

고뇌의 돌 하나가 예고도 없이
내 마음의 호수에 굴러 들어와
파문을 일으켜 놓고,

호수에 잠겨 있는 구름을 헤집고
특유의 웃음 띤 모습으로
나타날 것만 같고,

바람을 잠재운 잔잔한 호수는
은은히 잠겨 있는 달을
품 안에 끌어안고 포옹을 한다.

죽은 나무들

살아서 우거진 숲을 이루고
죽어서 재목이 되어
우리 곁으로 돌아오는
죽어도 산 나무들!

어린 꿈나무를 키워주는 연필과
책 걸상이 되어 주기도 하고,
죽어서 펄프(Pulp)로 책이 되어
두뇌 혁명을 일으켜 주는, 죽어서도 산 나무들!

냇가를 잇는 외나무다리 되어
개천을 건너게 해주고
우리 곁에 없어서는 안 될
죽어서 더 고마운 산 나무들!

빗속의 파도

빗속에 성난 파도가
모래사장 끝자락을 덮치더니
온갖 쓰레기를 토해 놓고 싸악 빠져나간다

집어삼킬 듯 덤벼드는 세찬 파도가
바닷가 모래는 바다의 것이라고
포말되어 부서지며 크게 외친다

바다의 일부를 바다로 쓸어 가기 위해
성난 파도는 그토록 몸부림치며
작업을 계속하고 있는 것이다

쌀을 씻으며

아픈 아내를 대신하여
맑은 물이 나오도록
쌀을 씻는다

쌀을 씻으며
아내의 손이
눈에 어른거린다

오동통 예뻤던
아내의 손은
어느새
쪼글쪼글
할머니 손이 됐고,

지금 나는
쌀을 씻으며
마음을 씻어 내고
생각을 고쳐먹는다

아픈 아내를 대신하여
쌀을 씻으며
주름 잡힌 아내의 손에
내 마음의 크림을
부드럽게 발라 준다

아름다운 마음씨

2009년 9월 18일 (금)
아침 7시 뉴-스.

백 달러짜리 달러 뭉치
일만 달러를
쓰레기 청소하다가 발견했다는
환경미화원 이석진 씨는
가슴이 울렁거려
경찰서에 갖다 주었다고 한다.

거리를 아름답게 만들어 주는
환경미화원이
어두운 사회를 밝게 만들어 준다.

미화원 월급 120만 원
일만 달러 돈뭉치
욕심 한 번 내 볼만도 한데
양심이 살아 있어
내 돈이 아니므로
당연히 주인 찾아 줘야 한다고,

잃었다는 달러 주인
은혜 보답으로 성의 표시 하려 했으나
해야 할 일 했을 뿐이라며
극구 사양했다는,
아름다운 마음씨
환경미화원 이 석 진씨,

70줄은 들어 보이는 얼굴
환하게 웃는 모습
참으로 아름답다.

꼭두새벽 어둠을 뚫고
거리를 아름답게 만들어 주는
환경 미화원 이 석 진씨!

오오!,
아름다운 마음씨여!

누렁이 소의 울음소리

귓전을 울리는
누렁이의 울음소리에
넋을 잃고 멍하니 있는 농부님네들
마음이 새카맣게 타들어 간다.

눈물을 흘리며
순박한 눈망울을 이리저리 굴리며
주인을 쳐다보는 저 누렁이들
어쩌면 좋을꼬,

그냥 쌩으로 매장당하는
저 누렁이들
발버둥치며 주인을 쳐다보고
누렁이 주인은 가슴을 치며
발을 구른다.

전국을 강타하고 있는 구제역
어디가 끝인지
그 끝이 안 보인다.
어쩌면 좋을꼬,

아무리 소독을 해도
아무 소용이 없는
속수무책의 현실이
참으로 한심스럽다.

이 무슨 날벼락이란 말인가
인간들이 저지른 죄값이
너무나 가혹하다.

눈물을 흘리며 비틀거리는
살아 있는 누렁이들을
눈을 멀거니 뜨고
생매장을 하는 젊은이들이

발버둥치는 모습들이 눈에 나타나
현기증을 이르켜
잠을 이룰 수가 없다고 한다.
이걸 어쩌면 좋을꼬,

소, 돼지, 닭, 오리……
줄줄이 싹 쓸어 가는
몹쓸 놈의 균들이
어디서 날라왔단 말인가.

동남아 일대를
좁다고 누비고 다니는
관광객들이 옮겨 왔다고도 하고
그 근본 원인도 제대로 밝혀내지 못한 채
발을 동동 구르며
쩔쩔매고 있으니
이걸 어쩌면 좋을꼬,

축산장 외양간이 터엉 텅 비워나간다.
농부님네들 가슴이
석탄처럼 타 들어간다.
이걸 어쩌면 좋을꼬,

도축장에 들어올 소들이 없어
문을 열어 놓고
그냥 쉬고 있다.

매몰된 누렁이 소들이
오늘 현재
150만 마리에 이른다고 한다.

눈물을 글썽이며
눈을 뜬 채 매몰 된
누렁이들을 위해
소 위령제를 지낸다고 한다.

참으로 답답하기가
이루 말로 다 할 수가 없으니
이를 어쩌면 좋을꼬,

누렁이 소의 울음소리가
귓전에 울려 퍼진다
이걸 어쩌란 말인가.

草岩 나상국

1964년 충북 괴산 출생
현대시선 신인작품상으로 등단
현대시선 정회원
청시 문학회 회원
발표시 고장난 벽시계외 다수

산행

산에 오른다
산에 오르며 말벗 하고 싶으나 산은 늘 말이 없다
오르고 또 오르고 더 높이 올라가도 말이 없다
아니 어쩌면 침묵으로 수많은 말들을 하는지 모르겠다
때로는 낙엽의 떨림으로 바람을 이야기하고 피고 지고
꽃으로 봄 여름 가을 겨울 사계절을 이야기하고
새들의 지저귐으로 산속 동식물 들의 이야기를
전하는지도 모르겠다

산은 늘 그 자리에서 오도 가지도 않고 날 기다린다
오라 가란 말도 없이 비가 오나 눈이 오나 바람이 불어도
밤새워 애인을 기다리듯 우두커니 먼 발치를 내다보며
망부석 인양 서서 기다린다

계곡을 타고 오르면 산은 계곡으로 흘러내리고
여인의 아랫도리를 닮은 골 깊은 계곡을 오르다 보면
나뭇가지에 걸린 구름과 햇빛 사이로 여인의 풍만한
젖가슴이 보인다

가쁜 숨 몰아쉬며 흘린 땀방울을 어서 오라는 듯
바람은 말없이 닦아주고 산은 되돌아오는
메아리 소리를 말없이 가슴으로 쓸어 안는다

귀뚜라미

깊어가는 가을밤
어디선가 들려 오는 풀벌레 우는 소리
둥근 달빛이 들지 않는
뒤뜰 뜨락의 쌓아올린 돌 틈 사이
귀뚤 귀뚤 귀뚜르 귀뚜르르
귀뚤 귀뚤 귀뚜르 귀뚜르르
귀뚜라미 굽은 등 전율로 날개를 퍼덕여
암컷을 애달피 부르는 저음의 저 소리
서늘한 가을밤을 노래하면
망각에 젖은 내 영혼
쉬 잠못이루고 그리움에 뒤척이는 밤
밤하늘의 달빛도
별들도 슬픈 듯
밤새도록 풀잎 위에 살며시
이슬을 내려놓는다

나 언젠가는 돌아가리

나 언젠가는 돌아가리
어머니 자궁 속같이 편안한 곳
햇빛도 한번 들어오면 들어온 길 되돌아 나가고
산짐승도 산새도 숨어 살기 좋은 깊은 산골
떠나온 내 고향 비탈진 언덕배기 넘으면
산 아래 뒤란엔 오죽이 에워싸고
집 너른 마당은 탱자나무 울타리 둘러 처진
싸리나무 삽짝문 열면
함석지붕 아래 비밀 다락방 있는
내 고향으로

나 언젠가는 돌아가리
어머니 젖꼭지를 타고 흐르는
달콤함처럼 너그러운 곳
이른 아침
눈꺼풀에 무겁게 매달린
덜 깬 잠을 흔들어 깨워
앞 개울물에 비친 얼굴을 닦으며
땅을 박차고 솟아오르는
물길어 돌아오면
가난도 가난이 아닌 듯
헛배 불러도 좋은 행복한
내 고향으로
나 언젠가는 돌아가리

알밤

깊어 가는 가을밤
뒤란의 장독대 옆
가실 까슬까슬한 털북숭이
깊은 골
하문이 열리며
밤의 고요를 깨는
산통의 소리
툭~~~~투욱 툭

섬

섬이 보이지 않는
안개 낀 바다
갈매기 울음소리
높낮이가 다른 파도를
때로는 거칠게 더러는 잔잔하게
조율해 가며 바다를 노 저어 가네

육지와 섬을 오가던
카페리호 연락선마저
끊어진 섬
거친 풍랑 속
물고기떼 쫓아 연안을 오가던 파도
육지의 소식을 해안가 절벽에
거친 물결무늬로 새겨 놓고
많은 인파가 떠나간
백사장 조개껍데기 무덤에
섬 소식 뜨문 뜨문 내려놓고
갈매기도 비틀 거리는 하늘을 보네

등 굽은 새우처럼
가난한 아버지의 바닷가 갯내음이 싫어
무작정 고향을 등지고 떠나온 섬
물 설 고 낯선
고달프고 배고픈 타향에서의 삶
힘들고 지칠 때마다
어둠을 밝혀주는
날이 선 채찍질하는 등급은 등대가 있었다

수천수만 킬로의
바다를 가로 지르고 헤엄쳐
회기본능으로
강을 거슬러 오르는 연어처럼
안개 바다
갈매기 소리에 귀 기울여
노 저어 찾아가는
그리운 아버지의 나라

혜월 박원배

경기도 안성 출생
안법고등학교 졸업
경희대학교 졸업(정치학사)
(주)여원사 사원
육군 중위 제대(ROTC)
공무원 퇴직
월간스토리문학 신인상 수상으로 등단
– 수필부문, 별난 개와 여주인
한국스토리문인협회 회원
한국문인협회 회원
저서 : 문집 '두무실', 문집 '죽을 고비', '소설과 생활수기'

하모니카

연례 서울문학축전 개막식이 열렸다.

2012.10.31.14:00 강서구 목동 소재 한국예술인센터 8층 대회의실에서, 국내 각지 문인 250여 명이 참석한 가운데 성황리 개최됐다.

한국문인협회(이사장 : 정종명)가 주관하고, 문화체육관광부와 서울문화재단이 후원했다. 문학축전은 11.6까지 일주일간 개최됐다. 혜월도 주최 측으로부터 초청을 받고 문인자격으로 참석했다. 주요 행사내용은 개막식을 시작으로 문학특강(11.1), 문학심포지엄(11.2), 애송 시 낭송회(11.5), 서울작품 낭독회(11.6) 등이었다.

개막식은 문인협회 사무국장 사회로 진행됐다. 순서는 주요참석인사 소개, 국기에 대한 경례, 고 문인들을 위한 묵념, 애국가 제창, 등 국민의례에 이어, 이사장 축사, 문협서울지회장 축사, 시 낭송, 동요합창, 문인육필전시장 견학, 문인 상견례 등 내용으로 진행됐다. 주요참석인사 소개에서 사회자는 혜월을 문인복지활동 최우수자로 소개해 많은 박수를 받았다.

국기에 대한 경례는 방송이나 녹음이 없이, 사회자가 선창하는 방법으로 진행됐다.

혜월은 문인들의 순박한 사고와 생활조건에서 나온 조치라고 평가했다. 묵념에서 "고인이 되신 선배 문인들을 위한 묵념"을 올리는 게 특이하게 생각됐다.

이사장님은 축사에서, 문인협회 탄생 49년 역사 중 처음으로 실행되었던, 이사장 직접선거제도의 합리성과 장점을, 사례를 들어가며 생생하게 소개했다.

이사장 취임 후 지난 2년간의 업적 소개로 많은 박수를 받았다.

시낭송은 붉은 코트와 검은 모자로, 화려한 옷차림을 한 여성문인이 낭송했다. 목소리도 애틋하고, 높고 낮은 리듬을 반복하며, 문인들의 가슴속을 파고들었다. 다음 순서로 동요합창이 시작됐다. 사회자는 "손수건을 준비하셔도 좋습니다." 라는 돌출된 안내 말을 했다. 문인들은 사회자의 안내 말에 웃음 석인 웅성거림으로 화답했다.

곧이어 동요합창 지휘자가 단상으로 나가 마이크 앞에 섰다. 키가 훤칠하고 머리가 눈송이처럼 하얀 남성 노인문인이었다.

백설 같은 노인문인은, 자신의 이름을 작은 목소리로 소개하고, 주머니에서 하모니카 한 개를 꺼냈다. "부족하지만 하모니카 연주로 동요합창을 지휘해 보겠습니다." 라는 인사말도 했다. 그러나 하모니카 문인의 말은 시원스럽게 문인들에게 전파되지 않았다.

회의실 탁자에 설치된 마이크 성능이 좋지 않은 것 같았다. 사회자는 황급히 자신이 손으로 잡고 있는 마이크를, 연주하는 문인의 하모니카 근처에 대주었다.

연주가가 두 손으로 하모니카를 연주하기 때문이었다. 노인문인의 하모니카 연주가 계속되었다. 가늘고 가는 하모니카 소리가, 회의실에 퍼지기 시작했다.

사회자가 마이크를 들고 있어도 하모니카 연주 소리는 크게 전파되지 않았다. 원래 성능이 좋지 않은 마이크장치 같았다. 그래도 노인문인의 연주는 계속됐다. 참석 문인들의 합창소리는 시작되지 않았다.

모두 단상의 광경만 응시하고 있었다.

문인들의 웅성거림 속에 가늘게 퍼져지는 동요는 "오빠생각" 이었다. 최순해 작시, 박태준 작곡의, 일본식민지 시절에 우리 선조들이 슬픔을 달래며 부르던 동요였다.

뜸북뜸북 뜸북새 논에서 울고 뻐꾹뻐꾹 뻐꾹새 숲에서 울 제
우리 오빠 말타고 서울가시면 비단 구두 사가지고 오신다더니

동요 “오빠 생각” 1절 연주가 끝날때 까지, 마이크 성능은 고쳐지지 않았다. 문인들의 합창도 없었다. 잠시 후 사회자 사무국장이, 미안하다는 사과를 한 후, 우렁찬 하모니카 연주 소리가 회의실에 퍼졌다.

기럭기럭 기러기 북에서 오고 귀뚤귀뚤 귀뚜라미 슬피 울건만
서울 가신 오빠는 소식도 없고 나뭇잎만 우스스 떨어집니다

“오빠생각” 2절은, 구슬픈 하모니카 연주소리와, 수백명의 문인들의 합창이 멋지게 어우러지며 회의실을 진동시켰다. 처음엔 50여명의 여성 문인들이 박수를 치고, 몸과 머리를 좌우로 흔들며 리듬을 주었다. 곧이어 많은 문인들이 합창에 합류했다. 많은 문인들이 양손은 박수를 치고, 몸과 머리는 좌우로 흔를며 리듬을 주고, 입은 동요를 합창하는 볼만한 광경이 대회의장에서 벌어졌다. 그러나 동요 2절의 짧은 가사와 반주는 곧 끝나버렸다. 개점 후 휴업한 가게 같은 분위기가 다시 회의실에 퍼졌다. 문인들도 다시 웅성거렸다.

조금 후 하모니카 문인은 또 다른 동요를 연주하기 시작했다. 어요선 작사, 권길성 작곡의 동요 “꽃밭에서” 였다. 마이크 성능이 회복되어 동요 연주소리는 우렁차게 회의실을 신농시켰다. 문인들의 합창도 적시에 시작되어, 회의실은 또다시 가슴을 진동시키는 화합의 장소로 변했다.

아빠하고 나하고 만든 꽃밭에 채송화도 봉숭화도 한창입니다
아빠가 매어놓은 새끼줄 따라 나팔꽃도 어울리게 피었습니다
애뜻하고 재미있게 뛰어놀다가 아빠가 생각나서 꽃을 봅니다
아빠는 꽃을 보며 살자 그랬죠 날 보고 꽃 같이 살자 그랬죠

동요 "오빠생각" 2절에서 호흡을 마쳤던 문인들은, 구슬픈 곡조와 애달픈 가사인 동요 "꽃밭에서" 합창을 완벽하게 소화했다. 여성문인들은 시종 박수로 박자를 치고 몸과 머리를 좌우로 흔드는 리듬을 쳤다. 모든 여성문인들은 지체 없이 합창을 시작했다.

남성문인들도 박수반주와, 좌우로 몸을 흔들며 만드는 리듬으로, 완벽한 합창을 도출했다. 예기치도 못했던 완벽한 화합 분위기를 만들어 냈다. 뿐만 아니었다. "꽃밭에서" 제1절 합창 중간에서 나타났던 일부 여성들의 눈물이 빠른 속도로 전파됐다.

여성문인들은 모두 눈이 붉은 색을 띈 상태에서 동요를 합창했다. 여성문인들 주변에 앉은 남성문인들의 눈가도 붉게 변했다. 여성문인들이 손등으로 양쪽 눈을 훔치며 눈물을 닦을 때, 행사장 앞자리에 착석한 문인협회 간부들의 눈가도 붉은 색깔로 변했다.

이제 개막식장인 대회의실은 동요합창으로 눈물바다가 됐다. 혜월은 일제강점기에 핍박을 받으셨던 조상님들과, 조국을 찾으려고 산화하신 수많은 독립운동가, 억울하게 억압받고 수탈을 당했던 한민족의 피와 눈물을 생각하며 동요를 합창했다. 동요합창이 끝난 후에도 문인들은, 장승처럼 동요가 없고 별다른 대화도 하지 않았다. 문인들은 슬픔의 바닷속에서 나온 사람들처럼, 양쪽 눈가를 훔치고 조용히 창밖을 응시하는 동향을 보였다. 조금 후 사무국장의 사회가 시작됐다. 다음 순서는 회의실 옆에 마련된 문인육필전시장 견학이었다. 문인들은 사회자의 안내로 간부들로부터 문인육필전시장으로 이동했다.

간부들도 양쪽 눈가에 반짝이는 눈물이 남아있었다. 문인육필전시장은 2개 였다. 많은 문인들도 간부들의 뒤를 이어 문인육필전시장을 견학했다.

견학을 끝낸 문인들은 다시 대회의실로 돌아왔다. 오늘 개막식의 마지막 순서인 문인상견례 시간이었다. 문인들은 주최 측에서 제공하는 뜨끈뜨끈한 시루떡과 오랜지 쥬스 등을 먹으며 즐겁게 담화했다.

모든 문인들은 오늘 개막식이 웅장하고 화합된 분위기를 조성하며, 성공적으로 진행되었다는 평가를 했다. 회원들은 16:00 질서 있게 귀가를 시작했다. 주최 측은 대회의장 출입구에서 문인협회 엠블렘Emblem이 새겨진 수건 한 개씩을 선물했다. 혜월도 귀갓길에 올랐다. 엘리베이터를 타기 위해 길게 도열된 줄 속에 함께 서서 기다렸다.

혜월은 전차를 두 번 타고, 마을버스 편으로 귀가했다. 귀가하는 혜월의 머릿속은 복잡했다. 이런 생각 저런 생각들이 개막식 행사 순서대로 떠올랐다.

시낭송 모습과, 하모니카 동요합창 모습이, 머리에서 지워지지 않았다. 남녀문인들은 대부분 50세가 넘어 보이는 문인들이었다. 혜월은 "어떻게 수많은 문인들이 함께 동요를 합창하며 슬픔에 빠지고 눈시울 적셨는가. 그 원인이 어디에 있을까?" 하는 생각이 머리속에서 맴돌았다. 혜월은 문인들이 눈물을 흘리고 슬픔에 잠긴 원인이 많은 사연들이 얽혀 있기 때문이라고 생각을 했다.

"일제강점기와 미군정시절에 어려웠던 생활이 떠올라서. 6.25 한국전쟁 전후 힘들었던 옛날을 회상하고. '오빠생각과 꽃밭에서' 라는 동요 가사가 구슬프고 애틋해서. 동요 작곡이 국민들이 힘들었던 시대의 감정을 잘 담았기 때문에. 우리 오빠도, 우리 아빠도 다 저 세상에 살고 계시기 때문에. 나도 이제 얼마 후면 동요의 대상이 될 것이라는 생각. 한민족은 예로부터 아리랑을 부르고 슬픈 감정 속에 살아온 국민정서 때문에. 한반도라는 작은 땅덩이 속에서, 수천 년간 주변 강대국들에게 억압을 받으며 살아와, 많은 한이 쌓인 국민이기 때문에. 강대국 억압 속에서 살아나려고 눈치만 발달해서." 등 너무 많은 원인들이 생각났다.

혜월은 눈물의 원인이 무엇이든, 문인들의 축전이 슬픔에 젖고 애수哀愁에 젖어 눈물만 흘린 후 헤어져서는 안된다고 생각했다.

혜월은 문인들이 흘린 눈물의 원인도 밝혀 보고, 문제점은 무엇이며, 대책은 어떻게 강구해야 하는가를 논의해야 정상적이라는 생각을 했다. 다른 신분도 아니고 문인은 수십 부문(장르, Genre)이나 되는 문학작품을 통해 독자와 시청자들을 울리고 웃길 수 있는 신분이다. 눈물만 흘리고 헤어질 게 아니라, 문인들은 나라를 선진국으로 끌어 올리고, 선진사회 구축에 첨병이 되어야 한다고 생각했다.

문인들은 조국이 선진국으로 성장하고, 사회가 선진화될 수 있는 대책을 제시하고, 실천에 앞장서야 정상이라고 단정했다.

혜월은 우선 자신이 조국의 선진국가 비상飛上과 선진사회 구현을 목표로 삼고, 계획을 수립해 실천하기로 했다. 혜월은 오늘 문인들이 눈물을 흘린 원인부터 파악했다. 인류학자와 역사학자들은, 한민족의 정서가 슬프고 서러움에 쉽게 감동한다는데 이의가 없다. 그러나 그런 민족정서가 형성된 원인에 대해서는 분명한 견해를 밝히지 않는다.

혜월이 파악한 바로는, 우리 국민들의 이런 정서情緖는 "인생은 무상無常한 존재라는 천리天理와, 한반도라는 좁은 땅덩이 속에서 강대국가들에게 수천 년간 억압抑壓을 받고 핍박逼迫 받아와서 형성된 것." 이라고 한다.

이 두 가지 원인 중에서 인생무상人生無常 이라는 측면을 보면, 인간의 죽음은 원래 슬픈 것이다. 지구 상 어느 민족도 동일하다. 그러나 슬퍼하는 방법과, 저 세상에 계신 조상님들이나 가족들을 그리는 방법은 각양각색各樣各色이다. 그런데 지구상에서 "동방 예의지 국가" 라는 한국이, 가장 구식적인 방법으로 가신님들을 추모하고 있다. 한국의 화장률이 서울의 경우 72% 수준이다. 그러나 한국이 수 천 년부터 실시하고 있는 매장문화는, 변화를 모르고 국가발전에 막대한 영향을 주고 있다. 반면 중국대륙과 일본은 수십 년 전에, 이미 100% 화장제도를 완성했다.

일본은 마을마다 국영화장장이 가동되고 있다. 이런 제도로 일본은 국민들을 10년간 먹여 살릴 수 있는 산림자원을 보유하고 있다. 물론 미국 유럽 같은 선진국가에도 매장제도는 있다. 그들의 매장 방법은, 주택가나 공원 옆 평지에, 3평, 5평 정도의 땅에 시신屍身을 매장하고, 이름을 새긴 작은 푯말을 세우는 정도다. 산소에 봉분封墳은 전혀 없다. 한국 같이 넓고 화려한 호화분묘는 이름도 없다. 현 상태에서 한국의 화장제도가 국제화 되려면 아직도 갈 길이 멀다.

장례제도 이외에 선진국 국민들은 인생을 끝내는 방법도 다르다. 실예를 들어보자. 그들은 자신의 인생살이가 끝나기 전에 시신기증, 장기기증, 안구기증, 근육기증, 피부기증 등 기증문화가 발달됐다. 다른 환자들 치료에 활용하고, 의료기술 발전에 기여하기 위한 목적에서 뿌리내린 풍습이다. 이런 기부문화는 선행풍습이기도하다. 반대로 한국이나 여타 후진국들은, 환자치료를 위해 이들 선진국가에서, 피부, 근육, 장기 같은 신체 부위를 수입해 환자치료에 사용하고 있다. 선진국 국민들과 우리나라 국민들이 인생을 보는 시각은 이렇게 다르다.

그러면 한국에 왜 매장문화가 계속되고 있나? 원인은 많은 정치인, 공직자들이 화장제도 확산에 관심이 없기 때문이다. "장사등에 관한 법률" 개정이나 폐지에 앞장서려는 국회의원, 공직자들이 거의 전무하다. 이유는 지지기반(표)이나 인기가 하락하기 때문이다. 이른바 표퓰리즘 Populisme이고, 복지부동의 근무자세 때문이다.

공직자들의 화장제도 확산에 관한 이런 근무 자세는, 1945년 해방 이후 계속되고 있다. 그런 나라에서 어떻게 옛 풍습이 개선될 수 있을까? 옛 풍습들을 고집하는 국가가 어떻게 발전하고, 선진국가로 비상할 수 있을까? 조상님들이 오래전부터 해오던 매장제도를 화장제도로 완전히 탈바꿈하는 것이, 우리 사회를 선진국 수준으로 끌어올리는 한 가지 방편이다.

현재 지구상에 존재하는 230여개 국가 중, 매장문화를 고집하는 나라는 별로 찾아볼 수 없다.

우리 한민족의 슬픈 정서 정착 원인의 두 번째 이유는, 주변 강대국가들의 수천 년에 걸친 억압抑壓과 핍박逼迫 때문이다. 이 문제는 역사상으로 확인된 분명한 사실이다. 그렇다면 우리나라 국민들은, 나라를 구출하기 위해 얼마나 무슨 활동을 했는가! 역사적으로 우리 한민족의 자주자립을 위한, 강대국과의 투쟁戰爭은 참으로 훌륭했다.

애국애민 정신과 자신을 산화시키며, 국가민족을 구하기 위한 전쟁과 독립운동이, 요원의 불길 처럼 뜨거운 나라였다. 강대국과의 전쟁에서 승리한 환성이 5,000년 역사에 화려하게 장식되어 있다. 강감찬 장군, 이순신 장군, 계백 장군, 안중근 열사, 윤봉길 열사 뿐 아니고, 수 천 명의 애국열사들과 독립운동 희생자들이 역사책을 빛내고 있다.

그러나 아쉽게도 한민족의 이런 애국애족 활동은 1945년 해방이후 붕괴되었다.

1950년에 발생한 6.25남북전쟁이 그 대표적인 사례다. 남북한 동족전쟁은 지금도 끝나지 않았다. 휴전 중에 있는 상태다. 게다가 한국 국민 중 상당한 규모가 북한을 선호하거나 지지하고 있지 않는가? 한국의 젊은이들 중에도, 6.25한국전쟁이 무엇인지 모르고, 한국사회를 붕괴시키려는 활동을 공공연히 하고 있지 않은가? 이런 현상을 남남갈등이라고 표현하며, 국가와 사회 그리고 부모들은 이들을 방관하고 있다. 우리 조국 대한민국의 선진국가 도약과 선진사회 구현은, 일시적인 눈물만으로는 해결될 수 없다. 우리민족은 화해와 화합이 시급하고, 전 국민들 대상 거국적인 민주주의 교육이 시급하다.

우리나라가 명실공히 선진국가로 도약하고, 선진사회로 우뚝 서려면, 국민 모두가 변하고 깨달아야 한다. 국가의 모든 구조를 생산적이고 효율적으로 바꿔야 한다. 해방이후 계속되어오는 제도와 국민의식으로는, 더 이상 발전할 수 없다.

국가 구조와 구성원 선택은 국민들이 하는 것이다. 그리고 선출이나 임용된 공직자들은, 대통령을 정점으로 일사불란하게 선진국 다운 법치국가를 세워야 한다. 법치국가 수립은 민주주의 제도에서만 가능한 것이다.

한국 국민들은 지난 67년간 허울 좋은 민주주의와 법치국가에서 살아왔다. 외국의 눈치를 보고, 동족 간에 전쟁을 하며, 부정부패가 만연된 사회분위기 속에서 살아왔다. 너무도 많은 국민들이 억울하게 저 세상으로 떠나고, 희생되고, 장애인이 되고, 폭력을 당하고, 눈치를 보고, 굶주리며 살았다. 국회의원이 국회 회의장에서 최루탄을 터뜨려도, 별다른 벌을 받지 않는 삐뚤어진 법치국가에서 살고 있다. 미국에서 이런 일이 있었다면 현장에서 체포된다.

나라의 앞날을 생각하지 않고, 민주주의가 무엇인가를 모르는 국민들이 너무 많다. 제도부실, 교육부실, 행정력 부실, 양심부실 등 총체적인 부실 사회가 너무 오래 계속되고 있다. 민주주의 나라에선, 국민들이 나라를 세우고, 공직자들도 선택하는 것이다.

단풍잎 편지

혜월은 오늘도 어김없이 06:30에 '아침 승용차 드라이브' 를 떠났다. 하늘은 맑고 기온도 전형적인 가을 날씨였다. 혜월은 중학교 운동장을 몇 바퀴 걸었다. 그러나 마음은 십여 일 전에 개최되었던 (사)한국문인협회 주최 '서울문학축전' 에 있었다. 일주일 간 개최된 서울문학축전은 보고 배운 게 많았다. 그 중에도 혜월의 머릿속에 잠재해 있는 행사는 육필肉筆문학전이었다. 혜월은 문단에 등단한 후 육필문학이라는 말을 많이 들었다. 혜월은 육필문학이라는 단어를 들을 때 마다, 중고등학교 다닐 때 용감한 시민들이 손가락을 깨물어, 그 피로 글씨를 쓰는 혈서血書를 생각하곤 했다. 그런데 금번 문학축전에 문인자격으로 초청을 받아 참가해 보니 그게 아니었다.

육필문학전시장을 둘러보니 도자기에 작가들이 자신의 작품들은 직접 써넣고 만든 도자기였다. 혜월은 행사를 마치고 귀가해 국어사전을 찾아봤다. 육필肉筆은 본인이 직접 손으로 쓴 글씨, 친필親筆이라고 적혀 있었다. 혜월의 머릿속에 들어 있었던, 피血로 시詩같은 문학작품을 쓰는 게 아니었다. 혜월은 크게 각성하고 내년 문학축전에서는 자신도 육필문학에 참가해, 자신의 작품이 담긴 도자기도 만들겠다는 결심을 했다.

혜월네 아파트는 오늘 아침에도, 오색찬란한 단풍찬치 현장 같았다. 아파트 위치가 관악산 기슭에 있어, 여타 도심지에 있는 아파트와는 단풍이 한참 다르다. 혜월은 맑은 공기와 단풍 잔치를 실컷 감상하고 집으로 향했다. 그런데 주차장 입구에 있는 넓은 운동마당에 아침운동을 하는 주민들이 너무 많았다. 혜월은 승용차를 주차시키고 자세히 살폈다. 운동마당 단풍 모습이 너무 아름다워, 운동하는 인파들이 줄어들지 않는 것이었다. 혜월도 즉시 운동마당을 돌며 걷기운동을 했다. 정말 아름다운 단풍모습이었다. 색의 전시장도 같고, 나무 종류들의 경쟁 같기도 했다. 단풍잎의 모양이나 색깔도 저마다 독특했고, 단풍잎의 크기도 나무 종류마다 달랐다.

단풍잎 모양이 길쭉한 게 있는가 하면, 오동나무 잎처럼 크고 넓은 것도 있었다. 단풍구경에 홀려 걷기운동을 하던 혜월이 머릿속에서, 찡- 하며 전기 스파크Spark가 튀었다. 시상詩想이 들어 온 것이다. 혜월은

"그렇지, 도자기만 육필문학의 대상이 되는 건 아니다. 넓은 단풍잎에도 내 작품을 내 손으로 써, 보관하면 육필문학작품이 되는 것이다."

라고 생각했다. 혜월은 천천히 걷기 시작했다. 아름답고 큰 단풍잎을 찾으려는 행보였다. 혜월의 발길이 운동마당을 한 바퀴 돌았을 때, 운동마당 우측 코너 숲 속에서 노란색을 전등처럼 밝히고 있는 나무가 보였다. 혜월이 가까이 가 보니 나무 이름은 모르겠고, 좁은 숲 속에서 나무들과 생존경쟁을 하며 살아남으려고, 손발을 모두 하늘을 향해 뻗은 나무였다. 가까이서 본 그 나무 단풍잎의 색깔은, 더 노랗고 커 보였다.

혜월은 그 나무기둥을 손으로 잡고 흔들어 봤다. 그때였다. 크고, 넓고, 샛노란 단풍잎들이 우수수 낙엽 위로 떨어졌다. 혜월은 미소를 짓고 천천히 노란 단풍잎 15개를 승용차로 가져왔다. 혜월이 서재書齋에서 본 낙엽과 단풍잎은 완전히 달랐다. 낙엽은 물기도 없이 바짝 마르고, 비틀리고, 찢어지고, 꺾어진 나무들의 한해살이 종점이었다. 낙엽은 나무들이 한 해를 마무리 했다는 증표 역할도 했다. 그

러나 단풍잎은 달랐다. 단풍잎은 색상이 아름답게 변했을 뿐, 줄기에 붙어 있는 파란 나뭇잎들과 다를 게 없었다. 물기나 두터운 체중도, 단풍이 들지 않은 파란 잎들과 같았다. 한마디로 단풍잎은 생물生物이었다.

혜월은 책상에 앉아 단풍잎에 붓으로 글씨를 써 봤다. 그러나 어림도 없었다. 글씨는커녕 붓에 있는 먹물이 흘러 내려왔다. 그래도 혜월은 용기를 잃지 않고 더 큰 붓으로 글씨를 써 봤다. 그러나 단풍잎은 큰 붓도 이기며, 먹물을 더 많이 책상 위로 흐르게 했다. 그때부터 혜월의 마음이 불안해 졌다. 별다른 방법도 생각나지 않았다. 단풍잎을 낙엽과 동일하게 생각했던 혜월의 상식이 매를 맞는 순간이었다. 혜월은 거실로 나갔다. 단풍잎 습기제거를 위해, 거실 창문 앞에 신문지를 깔고, 그 위에 단풍잎들을 나란히 늘어놓았다. 그리고 단풍잎들을 물끄러미 쳐다봤다. 하늘도 쳐다보고, 관악산도 보고, 연주대도 쳐다봤다. 그러나 혜월의 마음은 불안했다.

혜월은

"무슨 방법으로 이들 단풍잎에 내 문학작품을 써 육필문학 분야를 점령하나?"

하는 생각뿐이었다. 넋 나간 사람처럼, 거실을 빙빙 돌던 혜월 작가 머릿속에, 한 사람의 얼굴이 나타났다.

"그렇다! 다도茶道선생님께 물어보자!"

하는 생각이 혜월이 머릿속에 떠올랐다. 다도茶道는 차茶를 손님들에게 대접하거나 마실 때의 방식, 예의, 범절을 가르치는 선생님이다. 혜월이 다도선생님을 처음 본 건, 작년 7월이었다. 장마철이었던 그 때, 혜월은 세 번째 문집文集 펜팔 Pen Pal을 발간했다. 혜월이 몸담았던 퇴직사원 친목회는 작가 혜월에게, '홈페이지'에 펜팔 사이트Site를 제공할 것이니 한 달 만 관리하라는 당부를 했다.

혜월은 즉시 문집 사이트 운영을 위한 준비를 했다. 회사 퇴직 여성친목회 회장님을 통해, 회원 10여 명을 한식점에 초청하고 점심도 먹고, 문집도 드리고, 댓글과 답글을 올리는 의견도 개진하는 등 즐거운 시간을 가졌었다. 그때 그 장소에 다도 선생님도 끼어 있었다. 당시 혜월 작가가 본 다도 선생님은, 말이 거의 없었고, 하얀 학鶴이 맑은 물가에 서 있는 청아(靑雅)한 모습이었다. 청아라는 단어는 속된 티가 없이 맑고 아담한 미인美人이라는 의미다. 얼마 후 행사가 끝나자, 표정도 수다도 없었던 그 학의 여인은 보이지 않았다. 헤어지기 아쉬워 우왕좌왕하는 회원들 중에도 없었다. 그런데 참석했던 회원들이 거의 집에 가까이 이동했을 시간에 혜월의 핸드폰이 흔들렸다. 문자 메시지였다. 학鶴같은 여인, 다도 선생님이었다. 혜월 작가 핸드폰엔 "오늘 수고 많으셨습니다." 라는 내용이 담겨 있었다. 당시 혜월은 작가로 회의를 주관하고, 막걸리를 몇 잔 마셨던 연유로, 문자에 답신을 보내드리지 못했다.

그러나 혜월의 문학창작활동은 왕성했다. 평생에 걸쳐 품고 있었던 생각을, 모두 작품화하겠다는 각오 속에 열심히 활동했다. 문집을 발간하고, 또 발간하고! 이런 분위기 속에 작가 혜월은 식사를 함께했던 여성회원들과의 친분이 더욱 두터워졌다. 그런 과정과 친목 분위기로, 혜월은 학의 여인이 다도 선생님이시라는 사실도 알게 되었다. 다도 선생님에 관한 뒷이야기는 또 하나 있다. 문집文集 사이트 관리 행사 며칠 후 7월 장마가 계속되고, 수해가 발생했던 날이었다. 그날 혜월은 서울 송파구 잠실동에 있는 아들네 집에 있었다. 혜월은 쌍둥이 손녀들과 잠실 나루에서 즐거운 시간을 보내고 있었다. 조금 후 갑자기 혜월의 핸드폰이 울렸다. 다도 선생님이셨다. 선생님은 작가 혜월에게

"보내주신 문집 지금 잘 받았어요. 그런데 여기는 비가

천둥번개를 동반하고 험상 굳게 내려요. 게릴라성 폭우라 그쪽으로도 갈 수 있으니, 아기들과 빨리 집으로 돌아가시는 게 좋겠습니다."

라고 경고하셨다. 혜월은 동의하고 쌍둥이들과 아들집로 귀가했다. 그 후 5분도 되지 않아 게릴라성 폭우는 잠실지역을 강타했다. 천둥과 번개를 동반했다. 혜월은 거실 밖 유리창을 통해 천둥 번개가 치는 게릴라성 폭우의 모습을 한동안 응시했다. 선생님의 전화가 없었으면 무슨 일 이 생겼을까? 다도 선생님은 천기天氣도 보시는 분인가? 그날 혜월은 다도 선생님이 많이 고마웠다. 이 사건으로 다도 선생님은 작가 혜월의 머릿속에 완전하게 입력되었다. 그 후에도 혜월은 다도 선생님이 어머니 병간호를 위해 "요양보호자자격증"을 정부로부터 취득한 효녀孝女라는 사실도 알게 되었다.

혜월로 부터 갑자기 단풍잎에 붓글씨를 쓰는 질문을 받은 다도 선생님은, 침착하고 조용하게 대답했다.

"단풍잎이면 우선 물에 깨끗이 닦아 흙과 먼지를 제거하고, 물기를 말린 다음 사용해야 한다."

며 분명한 기본적인 사항을 지도하셨다. 그 후에도 혜월의 단풍잎 육필문학 시도는 진전이 없었다. 혜월은 한동안 심신을 달래고 거실로 나왔다. 옛날처럼 담배를 태우는 상태였다면, 담배 한 갑을 다 태우고도 모자랐을 상황이었다. 혜월은 주방 가스레인지GasRange로 갔다. 불을 작게 켜 놓고, 쇠젓가락으로 단풍잎 한 개를 잡어 불 위에서 이리저리 돌렸다. 물기를 제거하고 말려보는 노력이었다. 그러나 단풍잎은 그을음이 까맣게 끼거나, 비틀리고, 오므라들어, 붓으로 문학작품을 슬 수 없었다. 혜월은 시계를 보았다. 오늘 아침에는 시계들이 뛰어다녔는지 10:00 시였다.

혜월은 용기를 잃지 않고 단풍잎 말리는 작업을 계속했

다. 그 중 상태가 좋다고 생각되는 단풍잎이 생기면, 서재에 있는 책상으로 옮겨 작은 붓과 큰 붓으로 글씨를 써보는 작업을 계속했다. 그러나 시詩나 시조時調 같은 작품들을 쓸 수 있는 단풍잎은 생기지 않았다. 단풍잎 모양은 붕어 모양을 닮았다. 가장 큰 단풍잎의 크기는, 배가 있는 중앙 부분이 12cm었고 입과 꼬리의 길이는 19cm였다. 단풍잎의 크기 말고도 어려운 과정은, 낙엽처럼 완전하게 말리지 말고 살짝만 말려야, 단풍잎이 오므라들거나 그을음이 생기지 않았다. 물기가 완전히 마르지 않은 단풍잎에, 작은 붓으로 작은 글씨를 쓰는 작업은, 성과를 기대할 수 없었다. 그러나 큰 붓으로 큰 글씨를 쓰는 작업은, 단풍잎을 약간 말린 상태에서 가능했다.

혜월은 재빠른 판단을 했다. 시나 시조 같은 작품을 꼭 써야 될 필요는 없다.

"큰 글씨 몇 자라도 안부를 묻는 인사말만 써도 작품은 작품이다. 조선 시대 영조대왕은 자서전도 한문 한 줄로 쓰시지 않았나!"

라는 판단을 했다. 혜월은 단풍잎에 안부를 묻는 글씨를 써 보내도, 받는 애독자들은 특이하고 즐겁게 여길 것 같았다. 그러나 또 다른 장벽이 혜월의 창작작업을 가로막았다. 단풍잎 편지를 누구에게 보낼 것인지 수령인을 결정하는 문제였다. 이 순간에서 혜월은 또 한 번 한탄했다.

"친구들인 남자들은 왜 문집을 받고도 고맙다는 전화 한 번 없나? 남자들도 여자들처럼 시, 시조 읽고 감상하는 생활 자세를 견지하면 안 되나?"

하는 문제였다. 혜월은 문학 불모지 같은 한국에서, 남성들의 독서율이 너무 적다는 잠재적 불만을 갖고 있다.

혜월은 일손을 멈췄다. 육필문학 개척이 쉽지는 않았지만, 단풍잎에 큰 붓글씨 2줄을 쓰는 데는 성공했다. 혜월은 복잡한 머리를 식히려고, 다시 운동마당으로 나갔다. 가을 햇볕이 내려앉은 운동마당은 눈부셨다. 모두 일하는 시간이라, 전업주부 몇 명이 유모차에 아기를 태우고 나와, 단풍을 감상하고 있었다. 혜월은 천천히 걷기운동을 했다. 두 바퀴를 돌아, 아침에 단풍잎을 채취했던 이름 모를 나무에 기대고, 단풍잎 편지를 보낼 대상을 찾아봤다. 결정된 수령대상 애독자는, 학처럼 청아한 여인, 다도선생님이었다.

혜월은 다도 선생님을 만난 지 16개월이 지난 지금까지, 여러 여성 친목회 회원들에게 문집을 무료로 드리고 있다. 자신의 문집이 아니라도, 다른 문학잡지도 열심히 독자들에게 보내고 있다. 그러나 여성회원들을 직접 만나는 게 아니고, 우체국 택배를 이용하고 있어, 여성회원들의 생활이나 활동내용은 전혀 모른다. 아무것도 알 수가 없고 여성독자들의 희로애락도 모른다, 여성과 남성이라는 인간의 벽은 무섭다. 지난여름, 혜월은 친목회 사무실에 들렀다. 혜월은 우연히 다도 선생님의 근황을 알게 되었다. 일 년 조금 전에 혜월에게 문자메시지를 주시고, 쌍둥이들과 폭우를 빨리 피하라고 재촉전화를 하셨던 다도 선생님이, 2명의 대학생 아들을 뒷바라지하는 직장인이 되셨다는 것이었다. 회사에 출퇴근하는 직장인이 되신 것이다. 한동안 잊어버리고 있었던 다도 선생님이 생각난 혜월은 집으로 뛰었다. 서재에 앉아 정성스럽게 단풍잎에 편지 인사말을 큰 붓으로 섰다.

"굳세세요, 다도 선생님! 2012. 11. 09 혜월 올림"

이라고 섰다. 혜월은 다음날 디지털카메라로 단풍잎 육필문학을 촬영했다. 유리로 된 사진 꽂이도 3개 샀다. 혜월은 어제 밤에, 내일 우체국 택배로 보낼 포장을 끝냈다. 육필문학작품을 택배로 다도 선생님께 보내려는 혜월의 밤은 길었다. 그래도 새벽은 세월의 등을 타고 어김없이 밝았다. 다행히 다음 날 아침은 하늘이 맑았다. 하늘이 아침부터 맑은 하늘과 햇빛을 보내주셨다. 아침 식사를 일찍 마친 작가 혜월은 기뻤다. 혜월은 서재 책상 위에 놓여 있는 단풍잎편지 택배 상자 앞에서 한동안 머물렀다. 지난 16개월간 있었던 일들이 주마등처럼 지나갔다. 영화필름이 되어 너무도 생생하게 떠오르는 장면도 있었다. 혜월은 08:40에 택배 상자를 가슴에 안고 지하실 주차장으로 이동했다. 우체국은 09:00 정각에 업무를 시작했다. 혜월은 제일 먼저 택배를 접수시키고 우송했다. 그리고 택배 우송 사실을, 다도 선생님께 문자 메시지로 통보했다.

굳세세요, 다도 선생님! 2012.11.09 혜월 올림

2012. 11. 12 동천동 서재에서

박재근

울산 출생
현대문학사조 등단
현대문학사조 문학회 회장
건설회사 대표

가을 앞에 서다

화덕 속 열기가
여름 내내
진녹색 이파리 힘겹게 하더니
어느새 찬바람이 달려와
하늘을 높이 밀어 올리고
바람이 넓혀준 터에
가을을 데려다 놓는다.

겨울을 건너
봄을 살찌우고
가뭄의 고통과 궂은 날
폭풍의 시련을 견딘 초목들도
신바람 불러 타고
먼 빛 그리움을 불러낸다.

내 살아온 날에
이렇게 좋은 날에

마음만 보냅니다

지나가는 길에 찾아뵈오면
당신 자식처럼
늘 반가이 맞아 주셨지요

구만리 가신다기에
꽃 하나 보냈습니다

근조화에도 서열이 있는 현실
발치에 밀려 났더라도
눈길 한 번 주고 가십시오

석류

터질듯한 쓰릴

때 되면
그대의 반란을 보리라
절정을 보리라
완숙의 아름다움을 보리라

끝없는 그리움 같은
그대

귀뚜라미

지금
당신이 어디 서 있는가를 묻고 있다
달빛 창가에서 듣는
애절한 노래로만 들리느냐 묻고 있다

촉촉이 젖어 짓는 한 편의 詩로
저 물음에 명쾌한 답을 쓰고 싶다
마음 놓으면 들리는 저 물음

세상 인연과는 아무런 관계없는
자유

숨겨진 그리움

다시 오지 못하는 줄 알면서도
웃으며 잘 가라 했는데
돌아서니 기적 소리는
달빛마저 흔들어 놓더구나

세월이 흘러 잊고 살았고
어디에서도 만나지 못한다 했는데
왜 여기서 너를 보느냐
세라복에 가르마 논길을 달려오던
가락 머리 소녀야

언제라도
내가 꽃이 되어 보게 되면
너도 꽃이 될 줄 알았고
눈물 속에 너를 만나면
눈물로 안겨들 줄 알았는데

아저씨예, 이거 뜨리미라예
이천 원만 주이소

저주의 검은 비닐봉지에
황혼의 너를 눈물로 담아
말없이 돌아서 버린
아, 그날도 난 바보짓만 했구나

박현옥

출신 : 전남 화순
2007년 대한문학세계 詩 "행복사냥 "등단
2007년 대한문학세계 詩 부분 신인문학상 수상
대한문학세계 수필 "실타래" 등단
대한문학세계 수필 신인문학상 수상
2008년 대한문인협회 향토문학상 수상
2008년 현대시를 대표하는 특선 시인선 선정
2009년 현대시를 대표하는 특선 시인선 선정
2009년 창작문학예술인 금상 수상
2007년 사) 창작문학예술인협의회 문예대학 수료
사) 창작문학예술인협의회 정회원(대한문인협회)

저서 시집 출간 : 사랑한다는 말로도

그 무엇으로 다시 만나리

그대 가슴에 기대어
작은 숨결 느낄 수 없을 때
무엇으로 다시 만나리
가슴을 적시는 빗물로 만날까
뺨에 내려앉은 햇살로 만날까
영원할 수 있는
그 무엇으로 다시 만날 수 있다면
그대 가슴에 파고드는 추억이 되고 싶어

애잔한 눈빛 마주 보다
그대 향한 시선 내려놓을 때
무엇으로 다시 만나리
바람과 들꽃으로 만나 춤을 출까나
달과 별이 되어 마주 볼까나
이승에 인연 아쉬워
그 무엇으로 다시 만날 수 있다면
잊히지 않는 그리움이 되고 싶어

우리 다시
그 무엇으로 다시 만날 수 있다면
그대 곁을 나직이 스치는 바람이 되고 싶어.

꿈꾸는 날

바람에 솔 향기 묻어나는
해 저문 들녘을 거닐다가
외진 강가를 스쳐온
상큼한 바람을 만나면
투박한 질그릇에 한가득
바람을 퍼담아
벌컥벌컥 마시고 싶다

가을이 쓰러진 길섶에
흙내음 배어 있는 짚단을 깔고
도둑고양이처럼
살금살금 산을 기어오르는
구름을 끌어다 덮고

잿빛으로 부서지는
추억에 눈을 감으며
올챙이처럼 뽈록 나온 배를
쑤욱 내민 채
드르렁드르렁 코를 골며
늘어지게 한숨 자고 싶다.

어떤 휴일

시간은 더디 간다
째깍째깍 시곗바늘 소리는 가슴에 천둥을 치고
수십 번을 쳐다봐도 그 자리에 있다
음악을 듣고
책을 보고 명상을 해봐도
머리는 흐트러진 짚단처럼 추스를 수 없다

이곳에서 저곳으로
축지법을 써가며 추억을 끌어 온다
파도에 쓸려간 조각들
간판에 걸려 있는 웃음 조각까지도
모아 추억 동산을 만든다

종알거리는 작은 새 잠이 들고
여린 꽃잎 오므리는 소리에도 깨지는 적막
밤이슬에 젖은 그리움은
소리 없는 침묵에 묻히고
끌려온 상념들은 파편처럼 흩어진다.

욕망(慾望)

가슴을 토닥토닥 거리며
다가선 바람이 긴 잠을 깨우고
새벽을 여는 하얀 달빛은
붉은 꽃으로 피어난다

한순간 잊혀진 꿈들이
혈을 타고내리면
통통 튀어 다니는 언어들이
가슴을 쥐어짜 쓸어내리고

감출 수도 비워낼 수 없는
시린 하늘 같은 욕망은
산허리를 잡고 일어서는
아침 해에 붉게 물들어간다.

해 저문 강가에서

쓰러지듯 사라지는 노을 속으로
환상이 녹아들 때
먼 하늘가로 흩어진 추억
턱밑에 모아놓고
노을 자락 끄집어다 채색을 하니
그리움에 붉게 타버린 마음 그려진다

고개 떨구는 꽃잎에
어둠이 물들면
명치에 파고드는 그리움 한 자락
잎 새에 떨어지는 눈물을
짙어가는 어둠 속에 감추고
사각사각 부서지는 갈바람에
가슴에 이는 그리움 밀어낸다

해 질 녘 강가에서
바라본 하늘은
그렇게 가슴을
시리게 한다.

석용호

-필명: 石 花
-월간모던포엠 시부문 신인상/동상
-현대문학사조 작가회원
-충북 충주대학교 졸업 -체신부 강릉무선국/서울전파탑관리소근무 -한국도로공사 부장근무(28년) -한국도로공사 금강기업대표역임 -석정원(산방)설립 원장취임(2012.7.7) -한국도로공사 수리터널관리소장재임중
-저서: 꽃잎 허공에 파문을빗다(2010년)
석정원 마음의 그림을 그리며(2012년)

기다림, 인생

메마른 대지는
촉촉한 단비를 기다리고

몸에 냉기가 서리면
따스함이 기다려지고

앞차가 떠나고 나면
다음 차를 기다려야 하고

한번 보고 나면
또다시 보고 싶어도 기다려야 하고

하루가 저물어가면
내일이 또 기다려지고

기다림으로 시작하여
기다림으로 끝나는 삶

가슴이 터질 만큼
보고 싶고 그리워도
기다림으로 참아가며
살아야 하는 기다림 인생

상상속의 그대

수많은 은하계 속에서
혜성처럼 나타난 그대

이름 석 자
알기까지 삼백예순날이

어디에 존재하는
별자리인지 알기까지
또다시 삼백예순날이

음성으로 다가서기까지
삼백예순날을 다시 기다려야 했고

상상속을 헤메인지
천오백여 일 시간이 지나서야
사진 속 얼굴을 볼 수 있었고

단 한 번도 만난 적은 없어도
사로잡고 빠져 들게 하는 음성

온몸 구석구석을 휘저었고
때로는 깊숙이 파고들어
끝내는 무아지경과 환희로

내 모든 것을
송두리째 앗아가 버린 상상속의 그대

월악산(月岳山)

백두대간 태백산 등줄기에서
소백산 타고 가지 줄기로 내려와

우측으로는 제천시 청풍호를
왼쪽으로는 충주시 충주호를
뒤쪽으로는 문경시 하늘재를

신라 56대 마지막 경순왕의 왕자
마의태자와 덕주공주가 비운을 맞은
전설과 곳곳에는 기암절벽으로 가득 차고

달이 뜨면 영봉(靈峰)에
걸린다 하여 月岳이라는
이름이 붙여 졌다고도 하며

영봉에서 내려다보는
가을 단풍은 충주호까지 물들이고
발아래 송계계곡까지 어우러져
찾는 이의 마음마저 붉게 물들게 하여

언제라도
누구라도
詩心을 솟구치게 하는 月岳山

빛바랜 상념

60년의 긴 터널
봄 여름 가을 겨울 4계가
수없이 지나간 세월과 그 자리들

억만금을 준다 한들
단 일 초도 되돌릴 수도 없는
시간을 애써 되돌려 보겠노라고

그 사람이 그때 그 사람인가를
그 사람이 갖고있는 속마음을
그 사람이 갖고있는 옛 추억을

아니면 또 하나의
시계탑을 쌓으러 가는 건지
무엇을 확인하러 가는 건지

40여 년의 세파에도 흔들리지 않는
머릿속과 변치 않은 옷자락을 걸치고
빛바랜 상념을 되찾을 수 있을지

바람에 실려 흩어져도 갔고
강물에 묻혀 바다로 흘러들어 갔다
아쉬워도 말고 안타까워도 말자

지금까지 가슴에담고
살아온 것만으로도 행복 했었노라고

내사랑 그대여

새벽 눈 내리듯
소리 없이 다가온 그대

내 눈을 통하여
심장까지 뚫고 들어온 침입자

뛰어난 아름다움도 아니면서
내 모든 것을 통째로 삼켜버린 그대

밤하늘에 수많은 은하계를
떠돌다가 혜성처럼 나타난 그대

억만금을 주고도
얻을 수 없는 그대가
스치고 지나칠 줄만 알았던 인연이

되돌아 갈 수 없으리만큼
너무나도 깊은 곳까지 찾아들었고

숨 쉬고 심장이 뛰고 있는 시간만큼은
내 가슴과 머리를 통째로 삼켜버린 그대

내 사랑 그대여
황량한 들판에서
언제까지 홀로 이 서 있을 건가요

내 절규가 들리면
그대 품에 잠들게 해주소서

신명순

1964년 서울 태생
현대문학사조 시 등단
진달래 문학 회원
움터 동인지 회원
현 과수농사 재배

표정

난 알아요
당신의 모습에
고뇌와 근심이 있다는 것을

표정도 다양하겠지요

눈꼬리가 반달 모양일 땐
기쁨이 배어있고
눈 꼬리가 처져 있을 땐
힘이 들어 쉬고 싶음을 알 수 있답니다

눈꼬리가 치켜 올라가면
분노와 시기와 원망이 가득 차 있고
꽉 다문 입술을 통해 역력히 속내를
엿 볼 수 있답니다

삼각진 모습은 근심일 수밖에 없어요
뚝 부러진 코의 형상은
당신의 힘과 의지력을 감지할 수 있답니다

눈동자가 맑아 보일 땐
거짓을 발견할 수 없고
촛점이 없을 땐
의심과 절망과 좌절감을 보게 되네요

좁고 넓은 이마와
광채가 나는 모습에서
당신 삶의 의지를 바라봅니다

생각을 바꾸면 달라질 거예요

동그란 형상에 미소를 머금고
또렷한 눈매와 칼날 같은 코로 추켜세울
새로운 형상을 만들어 가시면 어떨까요?

환상

나는 보았다
창가에 깃든 무수한 입자들이
공중에 둥둥 떠다니는 것을

다시 눈을 떠 보았을 땐
눈앞에 서 있는 물체들만
휑하니 보일 뿐이었다

하늘에서 눈 내려 미세한 현미경에서
바라본 눈의 형상을 가진 것도 있었고
세포들이 조직돼 작은 입자가 형성되어
좌우로 내리치는 움직임까지 관철할 수 있었다

하늘 문이 열려 무수한 별들이 날개 치며
허공을 가르며 너울너울 춤추고 있었다

나는 보았다
눈부신 광채를 벗 삼아
나도 그 속에 빨려 들어가는 것을

다시 눈을 떠 보았을 땐
아무 일도 아닌 듯 현실로 돌아와 있었다

계절은 소리 없이 간다

소리도 흔적도
느낌도 없었다
알아차릴 여유도 없이
문을 비집고 들어왔다

게 눈 감추듯
더위도 태풍도
단풍이 든다 던
가을도 물 건너갔다

고왔던 단풍도
시들고 시들다
색바래지고
앙상한 뼈마디
추위에 떤다

찬 바람이 불기 때문이다

하늘도 추위에 떤다
먼 산너머 구름도
먼 곳으로 이사 가고 있다

따뜻했던 계절도
침묵 속에 눈을 지긋이
감는다

계절은 소리 없이 간다

날 위해

먼지보다 못한 날 위해
죽임당한 어린 양의 피

그의 속량으로
죽었던 삶이 바뀌어
새 생명 주심 감사드립니다

가진 것도
부한 것도
없던 인생을

당신을 통해
부유하게 되고

사랑과 관심으로
고난과 연단으로
값지게 사용하신
바다 같은 사랑

당신께
이 몸 바칩니다

내 안에 가진 것 없지만
몸과 마음과 시간으로

작은 소망이지만
성심을 다한 열정으로
주님께 가렵니다

날 위해 죽으신 예수님께
온전한 삶으로
말씀을 의지하여
세상 끝까지 참고
승리하렵니다.

마음가짐

넉넉한 마음은
영혼을 살찌게 하고
부족한 마음은
영혼이 초라해 보인다

넉넉한 마음은
언제나 자유롭지만
부족한 마음은
항상 불안하다

까닭없는 허무감에 흔들리기도 하고
적선에 의존한다
모든 것이 뒤엉켜
고독을 싸안고 있다

영혼을 위로하는 부드러운 힘은
영혼이 살아 있는 느낌을 준다
진지하고 감동적이다

행복의 바이러스가 넘쳐 보인다
가슴속에서 퍼지는 맑은 웃음소리가
그 진실을 말해 주고 있다.

양일진

부산출생
부경대학교 졸업
현대문학사조 시부문 등단
영남문인회 회원
현재 (주)동원식품 근무

박물관에서

누구의 손때가 묻었는지 몰라도
그 오묘한 생김새만으로도
그때의 숨결을 느낄 수 있다.

어느 시대를 살았고
어떤 생각을 지녔든지
지금 이 순간에는 중요하지 않다.

육신은 이미 흙이 되었다가
다시 먼지로 변해
억만 겁 세상의 한 점 티끌로 윤회 되어

장인(匠人)의 혼과 열정이
투박한 손을 빌어
남겨진 분신 한 조각

수천 년이 지난 지금
그들의 생각이
당당히 공포(公布)되고 있다.

덧없는 것이 인생이라지만
그저,
덧없음뿐만 아닐 것이다.

시간은 흘러가게 마련,
현재의 모습들이 자취를 감추고
후손들에게 잊혀 버릴 때

우리의 생각들이
다시
발굴될지도 모른다.

나무지팡이

당신의 허리가 굽어질 때까지 번 돈은
지팡이 하나 살 수 없는 골 파인 주름살뿐

큰길가 뛰놀던 논 두 마지기는
큰아들 대학 노트에 휘갈겨져 있고

재너머 숨 쉬던 밭 두 뙈기는
시집간 딸 냉장고 안에서 떨고 있다.

새벽이면 어김없이 찾아오는 관절염에
냉기를 훠이 훠이 가르며 걷던 논둑길

길가에 버려진 고목을 다듬고 깎아서
겨우 몸 하나 지탱하게 된 늙은 육신

뛰다시피 걸었던 손바닥만 했던 그 길을
이젠 굽어진 허리를 두세 번 도닥거려야
겨우겨우 지날 수 있는 아득한 미로

밤마다 들려오는 아스라한 개 짖는 소리는
인생의 종말을 고하는 망치 소리 되어
한 발 두 발 귓가에 다가온다.

고향 떠난 아들과 시집간 딸이
저무는 땅거미에 찾아올까 봐
할아버지는 앙상한 지팡이를 슬며시 집어 들었다.

졸음

혀끝에 감기며 산화되어버리는 아이스크림의 감미로움,

오뉴월 땡볕에 말린 뽀송뽀송한 이부자리의 싱그러움,

따스한 물 가득 채운 욕조에 온몸을 맡긴 태초의 안락함,

이 모든 것들이 사지를 하나씩 옭아매고 굴복을 종용한다.

그 뉘라서 이 달콤한 유혹을 거부할 수 있겠는가?

하시라도 정복자의 발아래 머리 조아릴 준비된 나는

나른한 오후 두 시, 오늘도 그의 발소리를 기다리고 있다.

촛불예찬

너는 나의 불씨로 영원히 타는 불꽃
너는 나를 위해 어둠을 밝히오니
나는 너를 위해 바람을 잠재우리라

네가 몸을 불사르며
고통으로 눈물 흘릴 때
내 마음 찢어지는 고통을 느낀다.

어쩌다 찾아드는 불청객이 네 혼을 희롱할 때면
너는 혼신의 노력으로 불씨를 살려내니
나 또한 기쁨으로 너를 대할 수 있다.

아무리 휘황찬란한 불꽃의 유혹이 있더라도
나는 너만을 사랑하며
이 밤을 밝히리라

세상 모든 것들이 잠든 고요한 이 밤
너의 눈물방울들을 어루만지며
따스한 온기를 느낀다.

새벽 냉기가 마지막 남아있던 나의 온기를 훔쳐갈 때면
네 혼과 육신도 죽음의 고개를 넘으며
단말마의 비명을 흩뿌린다.

마지막 한 방울의 눈물이 마르며 네 혼이 스러질 때
나도 세상 모두와 이별하고
잠의 침묵 속으로 빠져든다.

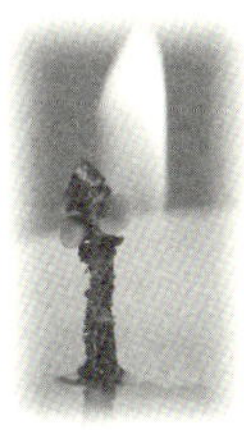

끽연

두 손가락 사이에 파묻혀
삶과 죽음의 회의를 느꼈고

두 입술 사이에 물려
사랑과 미움의 갈등을 배웠다

멍하니 들창 밖을 내다보는 버릇이
너로 인해 시작되던 날

네 삶은 색동저고리를 벗고
하얀 소복으로 갈아입었다.

윤병운

충남 청양 장평 출생
현대문학사조 시 등단
현대문학사조 작가회 부회장
전동아교역 건강식품 대표
전 서울시 민방위 강사

옛정

산새는 나무가지 위에 놀고
구름은 하늘가에 잠을 청한다

한가한 오후 남산길
아무리 찾아도 없는 얼굴

어느 구름에 숨어 있는지
애간장 타는 가슴

추억은 바람인 것을
떠난 마음 허공에 있다

뜨거운 가슴 전하고 싶어
허공을 걸어 본다

고향풍경

곱게 피어오르는 구름 한 조각
새가 되어 하늘을 나르네

빗물에 말끔이 씻긴 들녘에는
은빛 머리 휘날리며 키재기가 한창이네

하늘가 언저리 노을빛 붉어질 때
저녁연기 구름 따라 하늘로 오르네

이제 그만 내려놓게나

노스님이 젊은 스님과 길을 가는데
다리에 상처가 있는 젊은 여인이
냇물을 건너지 못하고 울고 있다

젊은 스님은 여자와 가까이하면
음기가 발동한다고 그러면 죄라고
쳐다보지도 않고 혼자서 길을 간다

노스님은 장삼을 벗고
젊은 여인을 등에 업어
냇물을 건너 주었다

그때 젊은 스님이 좇아와서
불가에서 금기로 여기는 여인을 업었으니
죄를 지은 거라고 사흘 동안 말을 한다

그때 노스님이 나는 그 여인을
냇물을 건네주고 내려놓았는데
자네는 지금까지 여인을 업고 있나

이제 그만 내려놓게나
음기의 짐을 입에서 내려놓게나
노스님의 발걸음 위에 저녁해가 웃는다

어둠 속의 빛

새벽별 찬 서리
뼛골에 스며들고
찬바람 안개 성에 갇혀서
내 가는 길 막아선다

희미한 지평선 넘어
눈물 젖은 새벽달 넘어가고
검은 구름 몰고 온
산 까마귀 울어댄다

저 멀리 밝은 불빛
하늘을 붉게 물들이더니
모닥불 피워놓고 나를 반겨 준다
아버지 감사합니다

고추잠자리

쓰러져 가는 초가삼간
빈집 지켜주는 고추잠자리
장독대에 앉아 시름에 잠기더니
쪽마루에 날아와
눈망울 두리번거리며
할머니의 흔적을 찾고 있다

주인 없는 마당에
잡초들만 서성거리고
욕심 없이 살다간 그 자리
가을 햇살 깊어 가는데
고추잠자리 할머니 찾아
오늘도 하늘을 날고 있다

이원국

1961년 경북 포항 출생
경남 거제시 거주

창작문학예술인 협의회 회원
한국문학방송 문인회원
현대문학사조 회원
시인의 정원 회원
지필문학 회원

나도 풀이고 싶다

사슴을 닮은 풀꽃아
망아지를 닮은 풀아

세상엔 기이한 일 많지만
자연에 나앉아
요정의 깃 품었구나

무엇을 보려고
모가지가 그렇게 긴가
몸뚱이에 투명의 잎 달고
뽐내어 섰어도 세속인 것을
나도수정초라 했느냐

네 흰 자태에 고고함 흘러
내 영혼에 묻은 때 씻어주랴

네 생김 풀의 이름으로
자연에 돌아가
맑은 영혼 하나 다시 태어나

단 한 번이라도
너처럼 청순하고
너처럼 순결하고 싶다.

능금 빛 사랑

사과나무 잎 푸른 날
참사랑 품고 싶어
따닥따닥 열린 마음에는 신맛을 지녀
능금으로 익는 사랑을 부르고 있었지

꿈꾸는 사랑이
너의 바램으로
벌들의 애무를 불렀었지

비바람 지나던 날에
너의 화려한 소망이 낙화하는 날
꽃 비를 기억하는가

설익은 풋기운에
청춘을 익히기 위한 몸부림들
임이 주시는 온기에 익어서 달콤한
능금 빛 사랑이여

빛바랜 햇살에
빨갛게 물들어
새콤달콤 익어가는 노래

깡통 소리

개똥밭에 구르는 소리 참 요란타
발길에 차였는가
알맹이만 쏙 빼 먹고
팔매질한 것인가

제 속에 빈 가슴을 울리는 소리
우는 소린가
세상을 향해 웃는 소린가
아파서 지른 비명인가

속이 텅 빈 깡통
쭉정이라도 차면 좋으련만
바람 부는 신작로에
이리저리 데굴데굴 잘도 구른다

이런!
내 가슴에도 데굴데굴
나도
빈 깡통인가보다

부뚜막

천체에 이는 그리움
별 하나에 그리운 이가 어머니
내 사랑 하나도 노래다

건반을 두들기는 피아니스트도
벌거벗은 삶도
무대에 선 발레리나도
하나씩 하나씩 별로 밝아온다

고양이야

내가 사는 부뚜막엔
칼의 노래 춤추더니
석쇠 위에 고소하게 익는 생선 토막

참지 못함에 울어야 하는
너의 야릇한 입김에
곱슬곱슬 달빛도 익어
내가 사는 세상도 익어간다

함부로 아름답다고 말하지 못할
그리움이 살아
한 송이 꽃으로
별 내리는 내 고향

말해주세요

그립다 말고
사랑한다 말하세요

그리우면 그리울수록
이름을 불러 주세요

사랑하는 사람이라면 더욱 더
좋아하는 사람이라면 더욱 더
망설이지 말아요

그리웠다고
사랑한다고
함께 길을 걷자고
말해주세요.

장자통

시집 「나비가 된 대왕고래」로 작품활동 시작(2010)

미네르바 작가회
한국문인협회
현대문학사조 편집위원

구애(求愛)

비둘기
구구구
구구구구구구

구구단
줄줄줄
구구구구구구

외워도
외워도
구구구구구구

구해도
답없는
구구구구구구

길

오면
가야 하고

가면
언제 올지 몰라

어디서 왔는지
어디로 가는지

묻는 이는 있어도
답 해주는 이 없네

고구마 도사

저녁에 군고구마 한 개를 먹었더니
아침에 생고구마 한 개가 나온다

고구마는 정직하다
나보다 정직하다

열 개 먹고 한 개만 내놓으려는 나
한 개 먹고 그대로 한 개를 내놓은 너

욕심끼리 서로 어깨를 부딪칠 때
욕만 남아돌고 심은 죽는다는 것

고구마 도사는 검은 속을 알고 있다

보름달

내가 없기에
내 안에 내가 없기에
내 안에 내 안에 내가 없기에

둥글다

보름 동안 안으로 걸어 들어와
속을 비워 없애고
우물 하나 파 놓고 숨을 거둔

나

아빠는 아홉 달

아빠 임신했어요?
응,아홉 달

다행이네요
한 달이나 남아서

엄마는 이번 달이잖아요

아, 한 달 차이구나

전성권

도원 전성권
대한문학세계 시부문 등단
문예연구 수필부문 등단
전북문인협회
현대문학사조 회원
순수필 동인

그냥

'그냥' 처럼 편한 말도 드물다. 그냥은 있던 그대로 있으면 되고, 어떠한 변명도 필요치 않다. 그냥은 계산할 줄도 모르고 대가를 바라지도 않는다.

그냥은 얼렁뚱땅 변명이나 즉답을 피하는, 그 순간만을 넘기려는 얄팍한 말로 들릴 수 있지만, 끝없이 정이 솟아나는 깊은 샘 같은 말이다.

그래서일까. 나는 그냥이란 말을 자주 한다. 그렇다고 그냥저냥 삶을 살지는 않지만, 무엇인가에 얽매이길 싫어하는 성격 때문일 것이다.

나는 머리가 복잡할 때는 그냥 걷는다. 그냥 사무실 주변을 몇 바퀴나 돌기도 하고, 애먼 잡초를 꺾어 입에 물어보고 돌부리를 차보기도 한다. 한겨울 빙판길을 만나면 미끄럼을 타보고, 땅이 얼어붙어 하얗게 실핏줄을 드러내면 쪼그려 앉아 입김으로 녹여보려도 애쓰기도 한다. 이른 봄, 늦서리를 이고 있던 새순이 조그만 햇살에도 어느새 털어내고 윤기 바랄 때 예서제서 우주를 밀어 올리기 시작하는 새싹들을 오랜 시간 보기도 한다. 길섶 한자리에서 아웅다웅 다투며 제자리 잡아가는 이름이 아리송한 들꽃을 보기도 한다.

아침이면 커피 한 잔을 들고 하늘바라기를 한다. 여름이면 겨울을 생각하고, 겨울이면 여름을 그리면서 그냥 본다. 두둥실 떠가는 구름이 있으면 그 위에 내 마음을 얹어 보기도 하고 조각구름에 마음을 실어 오랜 친구에게 보내기도 한다. 그냥 그러는 것이다.

이유 없이 시무룩해지고 어깨가 축 처져 있을 때 누군가

무슨 일 있느냐고 묻는다면 “그냥”이라고만 말한다. 내 알아서, 시간이 지나면 괜찮아 질 거니 이것저것 따지지 말고 내버려 두라는 이야기다. 이때는 튼실한 울타리가 되어주기도 한다.

지울 수 없이 그리운 사람을 찾아갔을 때 “어쩐 일이야.”라고 퉁명스럽게 묻는다 해도 “그냥 왔어.”라는 이 한마디면 충분하다. 더는 사족이 필요치 않다. 나머지는 알아서 생각하면 되는 것이다. 이때 ‘그냥’은 우주를 담고 있다. 전라도 사투리 ‘거시기’에 견줄 수 있는 만병통치약이다.

그냥은 이성 간의 만남에서도 어울리는 말이다. 사춘기 때 좋아하던 여성, 그 친구가 특별히 예뻐서가 아니요, 대화가 잘 통해서가 아닐 것이다. 첫눈에 그냥 좋은 것이다. 그 학생 뭐가 예쁘다고 난리냐고 친구들이 놀린다 해도 귀에 들어오지 않는다. 연인들 사이도 마찬가지이다. 좋아서 어쩔 줄 모르는 연인들, 그들 또한 특별한 계산을 생각하지 않는다. 단지, 그냥이요 인연이다.

모든 만남 또한 크게 예외는 아니다. 사회생활하면서 숱한 사람들을 만나지만, 그냥 좋은 사람이 있다. 그 사람의 인상과는 관계없다. 대화하지 않아도, 얼굴만 보고 있어도 그냥 좋은 것이다.

‘그냥’은 아날로그 냄새가 난다. 해거름에, 점심때, 찔레꽃 머리와 같이 여운과 정이 있다. 에누리가 있고 시간이 있어 여유롭다. 끝이 아니라 한참인 것 같아 안심된다. 직설적이지 않고 에둘러 시간적 여유를 준다. 그래서 그냥이 좋다.

간섭쟁이, 그 녀석

굵은 팔자 주름과 반백에도 내 인기는 사그라질 줄 모른다. 갈수록 더하다. 카메라감독은 지치는 기색 없이 밤낮으로 렌즈를 들이댄다. 일상을 벗어나도 내게 주어진 조그만 자유마저 빼앗아 버린다. 그물망 걸쳐진 그 어떤 곳이라도 나의 육신은 움직여야 하는데. 길이 아니면 내 혈관을 통해서라도 나아가고 싶은데……. 행여 하는 순간에도 그늘막에 몸을 숨긴 채 외눈을 크게 뜨고 있다. 일 푼 출연료라도 줄 생각이 없으면서 말이다.

감시 카메라-간섭쟁이 카메라 그 녀석! 나를, 내 가족을, 그리고 이웃을 지켜준다고 생각하고 싶은데도 도대체 정이 가지 않는다. 사회질서라는 허울로 내 본능을 억누르는 것은 어쩔 수 없지만, 부끄러워 누구에게도 말할 수 없었던 아픈 기억이 있기 때문이다.

내가 다니던 회사는 종각 인근에 있었다. 1분이면 내 전용서재, 00문고에 갈 수 있었다. 조금의 여유만 있어도 서재에 갔다. 아무리 두꺼운 책이라 해도 불과 며칠이면 한 권을 다 읽을 수가 있었다.

어느 날이었다. 업무전문서적에 뒷면에 CD가 있었다. 책 내용과 사진이 있는 부록이었다. 너무 욕심이 났다. 사고 싶었으나 생각이 많아졌다. 그런데 내 양심과 인격은 어디론가 가버리고 내 손은 이미 그 CD를 뜯어 윗옷 주머니에 넣고 있었다.

하지만 CD를 뜯을 때 눈을 부리나케 움직였는데. 주변엔 사람이 없었는데…….말끔하게 양복을 입은 사람이 나를 향해 잰걸음으로 다가오고 있었다. 오메, 일이 벌어지고

야 말았구나! 속칭 관리실로-사실은 감시실, 가는 길이 어찌나 음침하고 멀던지. 고개를 푹 숙이고 따라갔다. 신병시절 야간행군도 그리 멀고 힘들지는 않았는데.

작은 방에는 두세 명이 나무의자에 엉덩이만 삐쭉 걸치고 고개를 푹 숙이고 있었고, 그들의 시커멓게 질린 얼굴과 달리 대여섯 대의 모니터는 환하게 매장 구석구석을 비추고 있었다. 나는 그들 틈에 엉덩이를 비벼 넣을 용기가 나지않아 엉거주춤 서 있을 수밖에 없었다. 어릴 적 수박 서리를 하다말고 주인에게 끌려나와 혁대 풀리고 신발 한 짝 벗은 채 엉거주춤 서 있던 때가 생각났다. 좀 더 당당할 것을. 왜 그리 떨었는지. 관리인은 이유나 자초지종은 묻지 않았다. 다짜고짜 책값을 변상하라 했다. 흔쾌히 그리하겠다고 했는데도, 규정상 집에 가서 책을 검사해야 한다고 했다. 거리낌 없다 생각했지만, 순간 아이들이나 애 엄마가 스쳤다. 멈칫하자, 고발한다, 직장으로 가자 는 등의 협박이 이어졌다.

관리인은 현금 있느냐고 묻더니만 택시를 잡았다. 시간이 없으니 밟으란다. 천천히 가자고 해도 막무가내였다. 과속위반비까지 청구하려나. 과속에, 신호위반에, 아이들 생각에 머릿속이 하얘졌다.

우리 집인데. 현관문을 열기 전에 그리도 불안하고 답답할 때가 있었던가. 집 나갔던 며느리가 제 발로 들어오는 기분이랄까. 혹 아이들이나 있으면 곤란하니 내가 먼저 들어가 본다 했는데도 굳이 같이 들어가야 한다며 따라 들어왔다. 다행히 집에는 아무도 없었다. 그 사람은 숙련된 솜씨를 책장에서 책을 하나 둘 뽑아 가며 도장이 안 찍힌 책을 골라냈다. 책이 누렇게 변색이 되었건 새 책이건 가리지 않고 책 위나 밑 부분에 빨간 도장이 없는 것은 모두 변상해야 한다며 책값을 적기 시작했다. 할 말이 없었다. 도장을 찍지 않고 파는 서점들이 대부분이었고, 선물 받은 책이 많았는데 다 변상하라니. 기가 막힐 노릇이지만 일을 더 크게 벌이고 싶지 않은 마음뿐이었다. 자그마치 그 책값의 열 배가 넘는 금액을 변상하란다. 아! 그러나 어찌하랴.

이제껏 내가 산 책 중에서 제일 비싼 책을 그날 샀다. 그날 이후 그 서점은 내 삶에서 지워버렸고, 나는 감시 카메라 노이로제에 걸렸다.

아직도 나를 대놓고 죄인 취급하는 것인가. 내 삶 자체가 죄인가. 누군가가 매일 수십 번씩이나 감시의 눈초리로 내 일거수일투족(一擧手一投足)을 참견하다니 허락되지 않은 불쾌감을 억누를 수가 없다.

정미경

내일을 열어가는 웃음 동인집
개포노인복지센터대표
각당복지재단 연극단원
삶과 죽음을 생각하는 회 웰다잉강사
메멘토모리 협회회원

빈 가슴

너에 따뜻한 마음속에
누가 아우성치는 절규와
포효하는 짐승 울음소리 만들었느냐

아름다운 별이 되고 싶어 하던 순수한 마음
공허한 바람 되어 떠도는구나

잠재우지 못한 너의 욕심
잠재우지 못한 너의 욕망
세상의 온갖 고뇌 안고 있는 너의 마음

흐르는 강물에 떠나 보내고
빈 마음으로 오렴
스스로 올가맨 밧줄 풀어 버리고
빗장 열고 자유로운 마음으로 오렴

풀벌레 노래 벗 삼고
단풍나무 우거진 숲 속에서
가슴 속 검붉은 선혈
토닥토닥 세월 속에 묻고
곱디고운 마음 햇살로 가득 채우자

빈 가슴에 사랑을 담자

환상

헤어지면 보고 싶어질까 두려워
시간이 멈췄으면 좋겠다 생각했었지

마음은 허공을 날고
눈동자는 폭풍 속에서도 빛났었고
하나로 묶어진 두 개의 심장
넌 나였고 난 너였었다

황홀에 우리의 영혼을 묶고
춤추는 불빛에 일렁이는 마음
전율에 떨었었다

냉혹한 현실이 환상을 깨고
승리를 거머쥘 때까지

아! 폭풍 같은 사랑
눈물 대신 씁쓸한 웃음
그림자 속삭였다
사랑은 환상

사랑

술을 마신다 취한다
환상에 언어를 토하고
객기의 가슴을 쏟아낸다
바람결에 흩어져 버린다

욕망을 마신다
비틀대며 허튼춤을 춘다
마음속 거센 바람
어둠 속 천둥이 된다

남자는 목숨까지 줄 수 있을 때
사랑이라 말할 수 있는 거라 하고

여자는 바람결 같은 그리움도
작은 설레임도 사랑이길 원한다

서로가 서로의 마음을 보듬는데
아직 더 많은 세월이 필요한가 보다
사랑에 목마른 여자 길을 떠난다

불면증

창문 틈에 꼭꼭
숨어 있다가
잊을만하면
문 두드리며
같이 놀잖다

눈 꼭 감고
모르는 척 시침 떼려 하지만
이리저리 간지럽히며
아는 척 해달란다

짓궂은 녀석
반갑진 않지만
이젠 정이 들어 얄미운
친구가 되어 버렸다

손잡고 나란히 누워
밤새워 얘기하다 보면
슬그머....니.......인사도...없...
이....

침묵

앞가슴 풀어헤치고
폭풍 치는 광야를
미쳐 날뛰고 싶은 광기를
잠재울 수 없는 야생마 한 마리
마음속에 고삐 잡혀 운다

그립다 말하고 싶은 욕망
남아 있는데 ……

펄펄 끓어 오르는 가슴
움켜쥐고 멈춰 서서 눈 감고 운다
침묵으로 운다

정창희

80년 ~ 泰和商運 株式會社 常務理事
한국 문인협회 회원
월간 모던포엠 시부문 신인 문학상
세계 모던포엠 작가회원
서울문학 동인, 全人문학회원
광화문 시인들 (사랑방 시낭송회) 상임 회원
사람과 문학 회원
현대문학사조 문학회부회장

공저
-水墨처럼 스며드는 그대의 향기
-광화문을 지키는 시인들 4회 외 다수
-수평적 번짐의 상상력
-흔적, 그 의미
-님이여 우리들 모두가 하나 되게 하소서(화남출판사)
(대한민국 제15대 대통령 김대중 추모시집)

상훈
07년 : 정부포상 (대통령. 산업포장) 수상
e-mail : jch2226@hanmail.net

낙원동의 하루

국보 제2호 원각사지 십층 석탑과
삼일운동 당시 33인이 독립선언문을 낭독하고
만세를 외쳤던 민족의 성지 탑골공원에는,

오갈 때 없는 노인네들이 소일삼아 나왔는지
돌담 벽에 기대앉은 노인의 얼굴이 까칠한 초상화다

때가 되면 노인들은 꼬깃꼬깃 접은 몇 푼으로
순댓국집에 들러 허기진 요기를 하고,
그것마저 주머니 사정이 어려운 노인들은 가게 문을 기웃거리며
메뉴판 가격만 쳐다보고
그냥 돌아서는 외로운 삶을 보내기도 한다.

낙원동 골목에는 나지막한 건물로 간판이 낡아 허름해도
음식이 맛있고 값이 2~3천원이니 노인들이 하루를 보내는데
그나마 좋은 곳이다

어디 그뿐이랴!
값싼 이발소가 몇 군데 들어서 있다
빨강 삼색 원통에 이발소라고 쓴 네온이 돌아가고
미닫이문에 붉은색으로 일반 3천원, 염색 5천원이라고 쓴 문을 밀고
들어서면 벽에 돼지 그림이 비스듬히 걸려있고

머리 감을 때 쓰는 꼭지 짧은 물 조루와 그 으름 붙은 난로 연통에
비누거품을 붓으로 문질러 내여 턱에 바르고 뜨거운 물수건으로 덮은 후
너덜너덜한 긴 가죽(피대)에 면도칼을 쓱 비벼 턱수염을 밀어주면,
마치 고향 이발소에 온 것처럼 옛 정취에 마음이 편안하고 아늑한데,
강 건너 청담동 헤어샵의 값비싼 고슴도치 머리는 장밋빛 밤을 새고 있다

저녁이면 이들은 어디로 가는 것일까
아직도 콧등이 벌 개진 노인네는 담 벽에 기대앉아
모이 쪼는 비둘기만 바라보고 있는데..........

고양이와 고라니

기울어진 담장 위를
엉금엉금 걷는 들 고양이 눈빛이
오뉴월 햇살보다 더 눈 부시다

또 한 마리가 꼬리를 쳐들고 곁눈질하며
뒤따르는 걸 보니
서로 짝짓기를 하는가보다

먹을 것이 없는 빈집에서
주인이 있는 날이면 슬그머니 주인을 훔쳐보며
쓰레기더미에서 먹을 것을 찾는다.

어찌 보면 사는 것은 똑같으련만......

주인 잃어
들에서 눈치나 보며 허기진 배를 채우며
떠도는 고양이나

길목에서나 지하철 콘크리트 바닥에서
엎드려 두 손 벌려 구걸하며
쓰레기통을 뒤지며 노숙하는 생활이나
무엇이 다르겠는가.

한때는 가족과 화려했던 생활을 보냈을 것이고
주인이 주는
따뜻한 밥이나 먹으며 자랐을 것이다

누가 가족을 버리고 잃은 것인지
저마다 사연은 있겠지만
자기 주어진 본능대로 생활을 하였다면,

과거의 화려함과
주인의 따뜻한 아랫목이 아니어도
남의 집 광에 들어가 훔쳐 먹을 일이 있는가.

삶을 잃은 이들은 밤이 되면 어디로 가는 걸까

칠흑 같은 밤에
고라니 우는 소리에 별똥별이 휙~ 지나가고,

애절하게 울부짖는 쉰 목소리가 이 밤,
가슴을 시리게 한다.

그 방에서

어머니는
비좁은 그 방에서 누나를 낳고,
형 둘에 나를 낳으셨다

또, 그 방은
누나가 어려서 홍역으로 앓다 죽고,
할아버지 할머니 아버지 삼촌이
웬수 같은 난리로
문지방에 아픔 상처를 긋고 돌아가셨다

우리는 그 방에 옹기종기 모여
이불을 뭉기며 끌어 땡기고 자고,
엎드려 마분지에 글씨를 쓰며 그 방에서 자랐다

종심(從心)이 되어가는 나이에 고향 마당에서
칠흑 같은 밤에
나무토막에 앉아 밤하늘을 가리키며
창희야~ 북두칠성을 봐! 응~
성(형)~ 밤하늘이 참! 예쁘다 그지! 으응,
어린 시절 이 마당에서
모기 불을 피워놓고 멍석 깔고 누워 별을 보고
연기를 휘~ 날리며 까불며 놀던 생각이 난다

우리가 이랬을 때에 아버지는,
저만치 서서 별을 보고 슬픔의 눈물을 흘리셨다
별이 슬플 때, 우리도 별을 보며 울고,
가슴속에 품은 한을 이야기하였다.

별이 유난히 반짝이는 밤!
형하고 지냈던 고향 그 방에 누워,
우리 과거사의 슬픈 역사를 이야기하며 잠 못 이뤄
뒤척이던 형!
사금파리에 비친 형의 얼굴이 유년시절 같았으나

아니!
벌써 이렇게 변했나, 보고 또 쳐다보았습니다.

국사봉 가는 길

송림으로 에워싼 국사봉이 부른다.

천 리 길 만리가 품은 네 봉우리
일봉, 이봉, 삼봉, 사봉길을 올라가노라면
소나무 사이로 들리는
파도소리, 갈매기 소리가 정겹게 들리고,

솔잎으로 덮은 융단 같은 사구(砂丘)길이
마치 인생길을 걷는 것 같다

두런두런 이야기하며 걷다 보면,
벌써 삼봉에 오르고
제비난초, 맥문동, 절굿대, 밥풀 꽃,
야생화 향기가 목을 적시니
그냥 그 자리에 앉아있어도 좋으련만,

몇 발짝만 올라가면
인생의 무거운 짐을 풀어놓을 국사봉이
아니더냐.

전망대에 서서 에메랄드 빛 만리포 바다를 보며
걸어온 길을 뒤 돌아보니
인생의 힘겨운 길 한걸음이 영겁(永劫)의
세월 같구나.

해무가 품은
닭 섬에 물든 석양을 보라,

보기만 하여도 그냥 취하지 않느냐.

※ 국사봉은, 충남 만리포 천리포가 품은 산입니다. 해발 200m로 약 2.5키로 거리로 등산하기가 아주 좋은 곳이다.

아버지 생각

텃밭에 고랑을 만들다 문뜩!
아버지 생각이 난다.

뙤약 밭에 길게 누운 밭고랑은
등 굽은 아버지 같다

아버지는 고랑 만들어
이것저것 곡식을 심어 가꾸었을 것이다

고랑을 만들다 힘이 들면,
도랑물에 등목 하고 그늘 밑에 누워서
이런저런 생각을 하시다 잠이 들것이다

아버지는,
땡볕에 까맣게 얼굴이 타고
누렇게 얼룩진 런닝구가 두 어깨에 처진
깡마른 등이었을 것이다.

한 번도
그 등에 업혀 본 적이 없는 그리움,

산등성이에 누운
아버지의 땀 냄새나는 따뜻한 등을
그리며 생각한다.

조태연

경기 평택 출생
경찰관/세계사이버대학 재학중
현대문학사조 수필 등단
현대문학사조 명예회장
2008년 4월 시 부문 등단(현대시선. 봄날 아침)
2009년 12월 수필 부문 등단(현대시선. 남도여행)
현대문학사조 无原 문학상 수상(불꺼진 창)

시집
여자의 속마음 등 7편 공저(해송문학)

겨울 하루

떠 올을 때 선비걸음
내려갈 때 도적놈 뜀박질
올라왔는가 했더니
훌쩍 짐 챙긴다

긴긴 밤 호롱불 켜고
글 읽는 소리 어데 가고
바보상자에 정신 놓고
삶은 고구마 씹는 소리
밤하늘에 별들 유희를 한다

햇살 고운 양지 고양이 졸음
까치 홍시 하나 횡재
서리 맞은 호박잎 늘어지고
채소는 겨울 채비 몸집 늘리고

꼬부랑 할머니 근심
썰렁한 바람 겨울을 재촉하니
뒹구는 낙엽이 얄밉고
황량한 들판에 겨울새라
헐렁한 옷 여미며 하늘을 본다.

새벽 산책

동녘 하늘이 부스스
눈 비비며 문을 열면
허리 비틀고 꺾어가며
아침을 맞이한다

목이 긴 신발을 신고
풀잎 사이를 걸으며 사색에 잠긴다
놀라 소스라치는 청개구리 눈망울
긴 다리 엉거주춤 방아깨비
영롱한 물방울 바지 섶을 적시면
또 하루는 열린다

인생의 한 선을 걷다 보면
나고 감이 바로 운명인 것을
전생의 업을 업고 가려 하니
못 할 일도 하게 되는구나
오늘도 하루를 맞이하려
고달픈 삶의 대로를 달린다.

어머니의 나이

언제나 늙지 않을 것 같은
언제나 위대한 강인함이
내 앞길에 등불 되어 주기를
밝은 빛이 되어 주기를
끝없는 희망으로 남아 있다.

이제 희망은 어디로인가
자꾸만 멀어져 가고
병들고 찌들어 한없이
내 어깨에 기대어
눈빛마저 빛을 잃어간다

관절을 기계로 바꾸고
치아를 인공으로 고치고
몸뚱이 전체가 녹슬어가는
아픔의 상처는 끝이 없고
웃음 짓는 입가에 주름이 덮는다

하나에서 열까지
참견하고 간섭하던 모습
한 몸 가누기조차 어려워
끊어져 가는 기억을 휘어잡으며
애야! 사는 게 너무 힘들구나

하늘 같은 위대함은
서서히 저물어 가고
가냘픈 손끝 마디에는
가느다란 실핏줄이 그물망을 보이고
쭈그러든 살갗이 안쓰럽구나

어머니도 나이를 먹는가!
아닌 줄 알고 영원할 줄 알았다
언제 곁을 떠날지 모르는 오늘
나는 어머니의 나이를 세어본다
어머니의 나이는 얼마나 될까.

그리운 아버지

나는
어디서 왔을까?
반도에 전쟁이 터지고 한 달 남짓
아버지로부터 어머니를 통하여 왔음이니라

내 아버지 가시던 날
가시는 길을 지켜보며
언제인가 저 길을 따라가겠지
외진 곳에 자리를 만들어 모시고 돌아섰다

나와
생전의 내 아버지
닮은 것이 그 속에서 태어났음에
껍데기도 속 알맹이도 비슷하니 말이다

재너머
밭에 갈 때마다
나를 지켜보고 계시는
아버지의 생전의 모습을 그려본다

오며 가며 잡초 뽑고
가고 오며 한마디씩
입으로, 눈으로 인사하며
때로는 널브러져 주저앉아 응석도 부려본다

떠나신지
꼭 십 년, 눈가에 미소가 선하다
보고, 듣고 배운 것이
세상 맵고, 달고, 시고, 떫은 것이라

삶의 고통을
알 즈음 되면 나도
그 길을 따라갈 날이 가깝거늘
한점 두 점 걸음이 더디고 무겁구나

내 아버지
다시 만날 수 있다면
무슨 말을 하며 환하게 웃을까
오늘따라 언제나 밝은 미소가 그리워진다.

6월의 가뭄 속에서

시들어가는 사지를 붙잡고
울음조차 나오지 않는 목줄기
견디다가 힘들어 숨을 거두고
말라버린 육신은 끝내
한 줌 부스러기로 변했다

무던히도 고대하며 기다렸는데
끝내 외면한 너의 횡포에
해야 할 말조차 잃어버린 채
지쳐 기다림조차 던져버리고
한 몸 흙 속에 묻어버렸다

한 방울 빗줄기를 호소하던
내 처절한 기도 소리는
허공에 맴돌다 사라졌나
펄펄 끓는 빈 무쇠솥 열기는
농자의 가슴을 숯덩이로 만든다.

양상구

현대문학사조 발행인

도서출판 채운재 대표

한국문인협회 복지위원

공저

상처많은 풀이 향기롭다 외 10편

하루를 열며

멀리 보이는 북한산을 바라보니
살짝 스치는 시원한 바람이
하늘거리며 나를 부르고 있습니다

마음속에 가두었던 시름 벗으라
손짓하는 것 같아 산자락 바라보며
진달래꽃 핑크빛 가슴에 안고
능선 따라 오릅니다

다람쥐도 꼬리 흔들며 인사하고
이름 모를 잡초 티 없이 많은 웃음으로
새로운 삶의 세상을 보고 있습니다

올라가고 내려오는 눈웃음이
찌들었던 세상살이 보이지 않고
환하게 웃고 있는 봄의 꽃으로
하루를 열고 있습니다

백운대에 걸터앉아 바라보니
걸어온 길이 능선이고
불어오는 바람은 인생이며
그저 바라보는 넓은 하늘
내일의 세상을 그려봅니다

입동

시원한 바람이 아침을 연다

밤새 어둠과 싸우며 지켜온 나뭇잎
힘이 겨운지 자은 바람에 몸부림치고
떨어진 상처 많은 낙엽 뒹굴고 뒹굴어
여기저기 어깨동무하고 있다

밝은 미소로 다가온 따듯한 햇살
구겨진 얼굴 사랑의 반주로 어루만지니
포장한 모습 오색의 빛깔이
동공 속에 가을이 저물고 있다

엄습해 오는 쓸쓸함이
초겨울의 여린 가슴인가
스쳐 가는 임은 앙상한 뼈대로 남고
매서운 비바람 겨울을 열고 있다

하루를 열며

초판 1쇄 2012년 12월 07일
초판 발행 2012년 12월 10일

지은이 박재근 외
펴낸이 양상구
웹디자인 김태완
펴낸곳 도서출판 **채운재**
주소 100-861 서울시 중구 충무로2가 49-8
(서울빌딩 202호)
전화 02-704-3301
팩스 02-2268-3910
손전화 010-5466-3911
이메일 ysg8527@naver.com
정가 10,000원